ゼロ から スタート！

横溝慎一郎の 改訂版

行政書士

1冊目の教科書

LEC専任講師 **横溝慎一郎** 著

LEC東京リーガルマインド 監修

KADOKAWA

JN039546

Map 本書で学ぶこと

行政書士試験では、基礎法学、憲法、行政法、民法、商法・会社法、一般知識等が問われます。本書では、これらの科目の対策方法や重要事項を全6章で解説します。全体像を把握すると、学習がはかどりますよ！

第2章 憲法

国家権力から国民を守る法律！
全ての法律の土台を学ぼう！
Theme 勉強法 判例 統治

第1章 合格をかなえる勉強法

効率よく学ぶコツを紹介！
Theme 勉強法

第6章 一般知識・商法・会社法

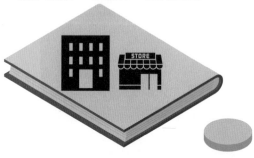

範囲は広いが出題数が少ない
科目はこう対策する！
Theme 勉強法

第3章

行政法

勉強法や各科目のポイントをつかみましょう！

行政は立法と司法以外のすべてを担当！
出題数 No.1 のメイン科目！

Theme 勉強法 行政法の体験ツアー

第4章

民法

私人間の関係を定めた法律！
出題数 No.2 ！

Theme 勉強法 総則 物権
債権 親族・相続

第5章

基礎法学

法のピラミッド

これも科目のひとつ！
他の法律の理解も深まる！

Theme
法の分類 法律ができるまで
法律の読み方

LECで大人気の横溝講師が合格へナビゲート！

1冊目の教科書に最適！

「問題が解けるようになる方法」を教えます！

行政書士試験講師

横溝　慎一郎 （よこみぞ・しんいちろう）

中央大学法学部卒。LECでは担当する講座が即定員になる業界トップクラスの超人気講師。図表をふんだんに使ったビジュアルに訴えかける講義は、初めて法律を学ぶ人にも「わかりやすい」「問題が解ける」と好評を博し、毎年数多くの合格者を輩出している。座右の銘は「失意悠然、得意冷然」。

STEP 1　横溝講師のここがすごい！

1 講師歴23年のトップ講師。月間35万PVの大人気ブログを運営！

LEC行政書士講座の講師歴は23年で、数々のオリジナル講座をヒットさせてきました。運営する「横溝慎一郎行政書士合格ブログ」は、受験生から絶大な支持を得ています。

2 独自の「合格に必要な知識とテクニック」を惜しげもなく披露

最短で最高の結果を出すには、土台となるしっかりした「知識力」が必要です。合格に必要な知識とテクニック満載で、問題が解けるようになる「活きた知識」が身につくと好評です。

受講者の声

- 説明が合理的かつ論理的でわかりやすかった
- 合格に必要な情報がもれなく説明されていた
- 条文の内容を単に羅列しているのではなく、論点やポイントが押さえられていた
- 「今の時期は憲法の判例を固める」など、各時期での勉強法が具体的に示され、参考になった

STEP 2
合格への**確実な一歩**が踏み出せる

行政書士試験では一般知識も問われるため、試験範囲が膨大となります。普段慣れない法律用語も頻出し、適切なガイダンスなく合格するのは難しい試験です。本書では、合格に向けたメイン科目のエッセンスと適切な勉強法を伝えるため、会話調で人気講義を再現。一読するだけで本試験の全体像がつかめます。

STEP 3
最短ルートの学習法を示します

その1 **合格に直結する**頻出ポイントと勉強法をどこよりもやさしく解説！

行政書士試験で問われる論点を徹底的にやさしく解説。初めて法律を学ぶ人でも挫折することなく読み切れます。また、科目別の勉強法を詳細に提示。本書が合格ガイダンスとなり、自信を持って受験勉強に臨めます。

その2 **10時間で読み切れる**見開き構成

行政書士に必要な基礎知識を1冊に凝縮。基本的に1項目見開きで、左に会話調で楽しく読める解説、右に理解を促す図やイラストを満載し、法律等に苦手意識を感じることなく読み進められます。

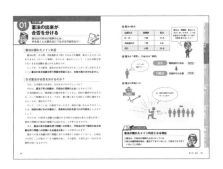

行政書士合格を実現！
人気講師の合格メソッドを
誌面で再現

はじめに

　行政書士試験講師の横溝慎一郎といいます。

　私は 2000 年に行政書士試験に合格し、資格の総合スクール LEC 東京リーガルマインドで 2001 年から行政書士試験指導に携わってきました。その前は大検予備校の講師や高校受験、中学受験指導に携わってきたので、かれこれ 32 年ほど「講師」をやっていることになります。

　縁あって行政書士試験について紹介する本を書く機会をいただいたのですが、今回はその改訂版を出す運びとなりました。

　本書は、行政書士試験そのものや、試験のメイン科目である憲法、行政法、民法のおおまかな内容、さらには法律の基礎知識や商法・会社法、一般知識等の勉強法について紹介しています。

　試験に興味を持った人、これから勉強してみようと思っているものの法律の勉強なんてしたことがないという人などに、ぜひ読んでいただけたらと思っています。

　また、すでに勉強を始めている人も、自分の勉強の方向性が間違っていないかどうかを確認することができますので、おすすめです。

　どんなことでもそうですが、何か新しいことに挑戦するにあたっては、しっかりとした準備をすることが大切です。

　たとえば、山登りをするのであれば、その山がどのような山であるかをしっかり調べますよね？　どのくらいの行程になるのか、装備はどの程度のものをそろえておけばよいのか、難所はどの辺りなのか……などなど。こういったことを事前に調べずに、いきなり登るのはやはり危険です。下手すると遭難する可能性もあります。

　これは、資格試験を受ける場合も同じです。きちんとした戦略なしに、やみくもに勉強を続けても、なかなか望んでいるような結果を得られません。せっかく勉強するのであれば、的確な勉強方針に基づいて、できるだけ短期間で、確実に合格を勝ち取りたいと思いませんか？　そのためにも、事前の

下調べは欠かせません。

　あなたが受けようと思っている試験は、どういった試験なのか？　合格するためにはどのくらい勉強すればよいのか？　たくさんある試験科目の中でメインの科目はどれなのか？　受験生が苦労するのはどの辺りなのか？　それを克服するためには何をすればよいのか？

　こういったことを事前に調べてから勉強をスタートすることで、あなたは途中で「迷子」になることも、「遭難」することもなく、合格にたどり着くことができるのです。

　また、勉強をスタートしたら、進んでいる方向性がずれてきていないかを定期的にチェックすることも大切です。

　ビジネスにおいて、ひとつのプロジェクトを成功に導くためには、「計画→実行→評価→改善」のPDCAサイクルに従って、適宜修正しながら、いろいろな人を巻き込みつつ進めていきますよね。

　こうした流れは資格試験の勉強においても共通です。合格に向けた勉強計画を立て、実行に着手。その後は、定期的に勉強の進捗状況をチェックし、修正すべきところを修正していきます。

　また、試験勉強に対して家族などが非協力的な場合には、「その資格を手に入れたら、こうするつもりだ」という「先のビジョン」と、その実現に向けて「本気度」を示し説得していきます。

　じつは、この「先のビジョン」を持つことは、合格を実現するうえでも重要です。ビジョンがあるからこそ、実現に向けて本気で努力することにつながっていきます。そして、「先のビジョン」も、実現に向けた「本気度」も、目指す資格試験の概要をきちんと把握しているからこそ持つことができます。本書は、そのための最初の「地図」の役割を果たすものです。

　前置きが長くなりました。それではここから、いよいよ私と一緒に「行政書士試験の世界」の旅を始めましょう！

LEC専任講師　横溝 慎一郎

❶ 「行政書士試験の世界」へようこそ!!

行政書士試験に興味を持ったあなたへ

　日本には200を超える国家資格があります。仕事のスキルアップに役立つものや資格がないとその仕事ができないもの、機械の扱いに資格が必要になるもの、趣味の幅を広げてくれるものなど、本当にいろいろな資格があります。

　本書では、数ある資格の中から「行政書士」に興味を持ってくださったあなたに、行政書士として仕事をするために合格が必要となる「行政書士試験」についてお話ししていきます。

試験に合格しなくても行政書士になれる？

　……なのですが、じつは**試験に合格しなくても行政書士になることができる**って知っていましたか？

　たとえば、市役所や警察に勤めていた人が、定年退職して行政書士事務所を開いた、なんて話を聞いたことがありませんか？

　意外と知られていませんが、国家公務員や地方公務員として20年（高校等を卒業している場合は17年）以上、行政事務に従事した経験があれば、行政書士になる資格を手に入れることができるのです。

「受験をしなくてもいい」というのは、かなり魅力的ですよね。ただ、その大前提が「20年、あるいは17年以上の行政事務経験」ですから、行政書士になるまでには時間が結構かかります。

　また、司法試験や弁理士試験、公認会計士試験や税理士試験に合格した人も行政書士になることは可能です。

　ただ、ご存じの通り、これらは超難関といわれる資格試験です。合格するには相当な勉強が必要です。

　ということで、行政書士になるためのもっともオーソドックスな方法は、やはりあなたが興味を持った行政書士試験に合格することなのです。

行政書士試験の概要

　ここで、行政書士試験の受験資格や試験日等を確認しておきましょう。

◆ 受験資格

　年齢、学歴、国籍に関係なく、誰でも受験できます。

◆ 受験申請受付期間

　例年、7月上旬に試験概要が発表され、8月上旬に受験の申込受付がスタートし、8月末ごろに締め切られます。申込先は、一般財団法人行政書士試験研究センターです。

◆ 試験日時

　例年、11月の第2日曜日に試験が実施されます。試験時間は、午後1時～4時までの3時間です。

◆ 合格発表

　例年、翌年の1月下旬に一般財団法人行政書士試験研究センターのホームページに合格者の受験番号が掲載されるほか、受験者全員に合否通知が郵送されます。

◆ 試験科目と配点

科目分類	出題形式	科目	問題数	配点
法令等	（5肢）択一式	基礎法学	2問	8点
		憲法	5問	20点
		行政法	19問	76点
		民法	9問	36点
		商法・会社法	5問	20点
	多肢選択式	憲法	1問	8点
		行政法	2問	16点
	記述式	行政法	1問	20点
		民法	2問	40点
一般知識等	（5肢）択一式	政治・経済・社会	7問	28点
		情報通信・個人情報保護	4問	16点
		文章理解	3問	12点
合計			60問	300点

問題形式は３種類

問題形式は、**択一式、多肢選択式、記述式の３種類**です。

択一式は、５つの選択肢から問題の指示に従って正解を選ぶ「単純正誤型」のほか、問題文の指示に合った選択肢の組合わせを選ぶ「組合わせ型」、問題文の指示に従った選択肢の数を答える「個数型」、問題文中の空欄に入る語句の組合わせを選ぶ「穴埋め型」など、いろいろなタイプがあります。

多肢選択式では、枠内にある 20 個の選択肢の中から、空欄ア～エに入るものを選んでいきます。合格ラインは３問 24 点満点で 18 点以上です。

記述式では、設問に対する解答を 40 字程度で記述します。各 20 点満点ですが、０点か 20 点かということではなく、部分点が与えられます。合格ラインは３問 60 点満点で 36 点前後です。

ここで、実際の試験で出題された問題を見てみましょう。

実際の問題を見てみよう！

択一式

【問題】

内閣の権限に関する次の記述のうち、憲法の規定に照らし、妥当なものはどれか。

（2022年　問６）

1. 内閣は、事前に、時宜によっては事後に、国会の承認を経て条約を締結するが、やむを得ない事情があれば、事前または事後の国会の承認なく条約を締結できる。

2. 内閣は、国会が閉会中で法律の制定が困難な場合には、事後に国会の承認を得ることを条件に、法律にかわる政令を制定することができる。

3. 参議院の緊急集会は、衆議院の解散により国会が閉会している期間に、参議院の総議員の４分の１以上の要求があった場合、内閣によりその召集が決定される。

4. 内閣総理大臣が欠けたとき、内閣は総辞職をしなければならないが、この場合の内閣は、あらたに内閣総理大臣が任命されるまで引き続きその職務を行う。

5. 新年度開始までに予算が成立せず、しかも暫定予算も成立しない場合、内閣は、新年度予算成立までの間、自らの判断で予備費を設け予算を執行することができる。

答え：4

【問題】

次の文章の空欄 ア ～ エ に当てはまる語句を、枠内の選択肢（1～20）から選びなさい。
(2022年 問43)

　国家補償制度は、国家賠償と損失補償によって構成されるが、両者のいずれによっても救済されない問題が存在する。公務員の ア の違法行為による被害は、国家賠償法の救済の対象とはならず、他方、憲法29条3項によって求められる損失補償は、 イ 以外の権利利益についての被害には及ばないと考えられるからである。この救済の空白地帯は「国家補償の谷間」と呼ばれている。

　「国家補償の谷間」の典型事例は予防接種による副反応被害である。この事例を損失補償により救済するアプローチは、 イ よりも重要な利益である生命・身体の利益は、当然に憲法29条3項に規定する損失補償の対象となるとする ウ 解釈によって、救済を図ろうとする。

　これに対して、国家賠償による救済のアプローチをとる場合、予防接種の性質上、予診を尽くしたとしても、接種を受けることが適切でない者（禁忌者）を完全に見分けることが困難であり、医師による予診を初めとする公務員の行為は ア とされる可能性が残る。この点について、最高裁判所昭和51年9月30日判決は、予防接種により重篤な副反応が発生した場合に、担当医がこうした結果を予見しえたのに、過誤により予見しなかったものと エ することで、実質的に、自らが ア であることの立証責任を国側に負わせることで救済を図った。

1	自由裁量	2	合憲限定	3	生存権	4	無過失
5	正当な補償	6	文理	7	証明	8	緊急避難
9	重過失	10	特別の犠牲	11	推定	12	職務外
13	決定	14	事実行為	15	財産権	16	確定
17	反対	18	憲法上の権利	19	償うことのできない損害	20	勿論

答え：ア-4、イ-15、ウ-20、エ-11

【問題】

　Aは、工場を建設するために、Bから、Bが所有する甲土地（更地）を、賃貸借契約締結の日から賃借期間30年と定めて賃借した。ただし、甲土地の賃借権の登記は、現在に至るまでされていない。ところが、甲土地がBからAに引き渡される前に、甲土地に何らの権利も有しないCが、AおよびBに無断で、甲土地に塀を設置したため、Aは、甲土地に立ち入って工場の建設工事を開始することができなくなった。そこで、Aは、Bに対応を求めたが、Bは何らの対応もしないまま現在に至っている。Aが甲土地に工場の建設工事を開始するために、Aは、Cに対し、どのような請求をすることができるか。民法の規定および判例に照らし、40字程度で記述しなさい。
(2022年 問46)

(行政書士試験研究センターの正解例)
Aは、Cに対し、

B	の	所	有	権	に	基	づ	く	妨	害	排	除	請	求	権	を	代	位	し
て	、	塀	の	撤	去	を	請	求	す	る	こ	と	が	で	き	る	。		

(38字)

行政書士試験は「絶対評価」の試験である

　では、行政書士試験の合否はどうやって決まるのでしょうか。

　宅建士（宅地建物取引士）の資格試験では、その年の受験生の上位何パーセントが合格という形で合格点を決めます。このパーセントが合格率ですね。このタイプの試験では、その年の受験生の出来によって、合格に必要な点数が多少変わります。宅建士試験は50点満点なので、合格するのに必要な点数が35点の年もあれば、33点で合格できる年もあります。こういった方法を「相対評価」と呼ぶことがあります。

　一方、**行政書士試験は、相対評価の試験ではなく、合格するには、下記の3つの点数の要件をすべて満たす必要があります。**

◆ 合格基準
　下記の3要件のいずれも満たしていること

要件1　行政書士の業務に関して必要な法令等科目の得点（244点満点）が、満点の50％以上である（122点以上）

要件2　行政書士の業務に関連する一般知識等科目の得点（56点満点）が、満点の40％以上である（24点以上）

要件3　試験全体の得点（300点満点）が、満点の60％以上である（180点以上）

　つまり、毎年受験生の出来によって合格点が変わることがないタイプの試験なのです。このタイプを「絶対評価」と呼ぶことがあります。**合格点が毎年固定されているのは、数ある資格試験の中でも本当に珍しいタイプの試験ですね。** このタイプの試験では、ほかの受験生が何点取っても合格点は動きませんから、ライバルはほかの受験生ではなく自分自身になります。

　気になる合格率ですが、絶対評価タイプの試験らしく、毎年かなり変動し、6～15％くらいを行ったり来たりしています。ちなみに、2022年度は12.13％でした（2021年度は11.18％）。

② ほかの資格とのつながり

ほかの資格でも使える知識が学べる

　行政書士試験は、さまざまな法令や一般知識から出題され、ほかの資格試験と科目が重なる部分が多いといえます。

　たとえば、宅建士試験における権利関係と民法がそうですね。試験の難易度では行政書士試験のほうが上ですので、**宅建士試験に合格した人が次に目指す資格試験として行政書士試験を考えることが多い**ようです。

　また司法書士試験とは、民法、憲法、会社法が重複します。試験の難易度では司法書士試験が上ですので、**行政書士試験に合格した後に司法書士試験に挑戦する人が少なくありません。**

受験資格の要件や科目が免除される資格も

　科目は重複していませんが、違った理由で関連性がある資格試験もあります。

　たとえば、社会保険労務士試験は「大学において、学士の学位を得るのに必要な一般教養科目の学習を終わった者」という受験資格がありますが、それに代えて、行政書士試験に合格していることが、受験資格として認められています。

　また弁理士試験では行政書士試験に合格し、行政書士登録をしていることが、選択科目のひとつである「弁理士の業務に関する法律」の免除要件になっています。

　このようなことから、**社会保険労務士試験の受験資格を得るために、または弁理士試験での選択科目免除を得るために、行政書士試験にチャレンジする人もいるのです。**

　ほかの資格試験と試験科目が重なっていたり、または行政書士試験に合格することで受験資格が得られる資格試験があったりなど、行政書士試験の勉強は、あなたの可能性をさらに広げていくことにもつながるのです。

③ 合格後の資格の活かし方

合格後、行政書士登録をする必要あり

　行政書士試験に合格後、行政書士として活動したいと考え、本試験に挑戦する人はやはり多いと思いますが、行政書士として活動するためには、行政書士登録をする必要があります。

　登録後は、①独立開業する、②行政書士法人の社員になる、といった道があります。なお、**一般の企業において「社内行政書士」として仕事をすることは認められていません**。ただ、勤めている会社が認めてくれるのであれば、副業で「週末行政書士」になるという選択肢もあります。

行政書士の仕事ってどんな感じ？

　ここで、行政書士の仕事の内容を見ていきましょう。

　たとえば、リサイクルショップを開きたい場合、「古物商の許可」が必要です。飲食店も営業許可がないとできません。行政書士は、そうした手続きに必要な書類について、その作成の仕方等の相談に乗ったり、代わりに作成したりといった業務を、依頼者から報酬をもらって行うことができます（これは行政書士だけが行える業務で、「許認可業務」といいます）。

　最近は、ドローンの飛行許可申請や、「民泊」の許可申請といった、新しい許認可業務も登場しており、いち早く参入する行政書士も増えています。

　また、遺産分割協議書や遺言書について、依頼者から報酬をもらって作成することも行政書士の仕事です。超高齢社会を迎えた日本では、このような相続関連業務に携わる行政書士へのニーズは高まっており、成年後見人や任意後見人として高齢者の財産管理などを行っている行政書士もいます。

　そのほか、日本行政書士会連合会が行う研修を受けて効果測定に合格し、「申請取次行政書士」という資格を取得すると、日本で働きたい外国人のために必要な手続きを代理する業務を行うことができます。

　このように、行政書士の仕事は非常に幅が広いのが特徴です。

Contents 横溝慎一郎の行政書士
1冊目の教科書

第1章

合格をかなえる勉強法

勉強法

第2章

憲法

第3章

行政法

勉強法

行政法の体験ツアー

第4章

民法

第5章

基礎法学

法の分類

法律ができるまで

法律の読み方

第6章

一般知識・商法・会社法

本文デザイン　ISSHIKI
本文イラスト　寺崎愛
DTP　株式会社フォレスト

　本書は、原則として2023年6月時点での情報を基に原稿の執筆・編集を行っています。試験に関する最新情報は、試験実施機関のウェブサイト等でご確認ください。

第 1 章

合格をかなえる
勉強法

まずは、全体の勉強方針を知ることが、
「合格への第一歩」です！

01 法律の勉強は 「全体像の把握」がポイント

その法律が、どのような目的でつくられ、
何を定めているのかを理解しましょう

法律の勉強で強く意識してほしいこと

行政書士試験のメインは、法律科目からの出題です。そのため、憲法や民法などさまざまな法律の理解が欠かせません。

では、法律の勉強を進めるうえでのポイントとは何でしょうか。

それは、**その法律の全体像を把握する**ことです。

たとえば、駅からAまでの道順を説明してもらっているときに、駅前のおいしいパン屋さんの商品について細かく説明されても困りませんか?

それよりも、道順全体をイメージできるよう、目的地にたどり着くための目印をいくつか教えてもらったほうが、はるかにありがたいと思うはずです。

法律の「目的」と「内容」を把握する

行政書士試験の受験生を見ていると、法律全体のイメージがつかめないまま、テキストの1ページ目から読んでいく人が少なくありません。

これは、先ほどの道順説明の例で言えば、駅前のパン屋さんの商品を覚えるのに夢中になり、「Aにたどり着く」という本来の目的が見えなくなっている状態です。

法律の勉強で大切なのは、**今勉強している法律が、どのような目的でつくられ、全体としてどういう内容を定めているのかを把握する**ことです。これが法律の全体像を把握する、ということです。

そのことを強く意識して勉強を進めていけば、あなたが今勉強している内容が、その法律の中で、どのような位置づけなのかを把握しやすくなります。

そうした勉強を続けていくことで、その法律の知識をより確実なものにしていけるのです。

法律の勉強で大切なことは?

1 合格をかなえる勉強法

2 憲法

3 行政法

4 民法

5 基礎法学

6 一般知識・商法・会社法

× **テキストを1ページ目から読んでいく**

〇〇法
1条 ‑‑‑‑‑‑‑
2条 ‑‑‑‑‑‑‑
3条 ‑‑‑‑‑‑‑
4条 ‑‑‑‑‑‑‑

よくわからない……

=

駅前のパン屋さんの
クリームパンは、
カスタードクリームと
幸せのいちごクリームの
2種類があって……

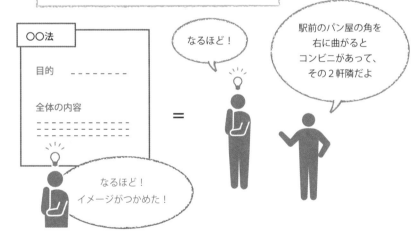

〇 **最初に各法律の「全体像」を把握する**

〇〇法

目的 ‑‑‑‑‑‑‑

全体の内容
‑‑‑‑‑‑‑‑‑‑‑
‑‑‑‑‑‑‑‑‑‑‑

なるほど!
イメージがつかめた!

=

なるほど!

駅前のパン屋の角を
右に曲がると
コンビニがあって、
その2軒隣だよ

📖✎ **チェックポイント**

全体像を把握しよう

①個別の論点にいきなり入らない
②法律の目的とおおまかな内容を、まずつかむ

勉強法❷

勉強するときは、重要な科目を徹底的に意識する

出題範囲が広いからこそ、
どれも頑張りすぎれば命取りになります

ダイエットも勉強も、やりすぎに要注意！

「最近、太ったかも」

「夏までに、5キロやせなくちゃ」

　こんな悩みを抱えている人は、なにも思春期の女の子だけではありません。年齢や性別を問わず、たとえばメタボリックシンドロームだと指摘された人など、同じような悩みを抱えている人はたくさんいるはずです。

　そこで、「やっぱり食べすぎるからダメなんだよね」と食事制限を始める人もいることでしょう。とはいえ、1日にリンゴ1個しか食べないなど、無理なダイエットは考えものです。どう考えても体によくありません。

　健康的にやせるには、食事制限をするにしてもやはりバランスが大切です。

　そして、それは試験勉強でも同じです。

「重要な科目」を意識して、メリハリをつけて勉強する

　行政書士試験は勉強する内容が非常に幅広いのが特徴です。勉強する法律の種類も幅広いうえに、政治・経済・社会や情報通信・個人情報保護、さらには文章理解についても勉強しなければいけません。

　そのため、体に大切な栄養素を考えてバランスよく食事制限するのと同じように、**行政書士試験の対策も、重要な科目がどれかを考えながら、学習量のバランスを取って勉強を進める必要**があります。

　つまり、日々の勉強において、憲法や民法などの法令等科目と一般知識等科目のバランス、さらにそれぞれの科目内でのバランスをどう取っていくかを、つねに意識しながら勉強することが大切なのです。

　具体的にどうバランスを取っていけばいいのかについて、次項以降で解説していきます。

まんべんなく…ではなく、メリハリをつけて学習しよう

✕ すべての科目をまんべんなく勉強する

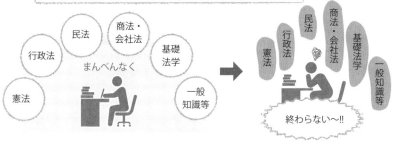

民法　商法・会社法　基礎法学

行政法　まんべんなく　一般知識等

憲法

→ 憲法　行政法　民法　商法・会社法　基礎法学　一般知識等

終わらない〜!!

○ 「重要な科目」を中心にメリハリをつけて学習する

メイン科目

サブ科目

メリハリをつける

直前期は
とくにメリハリ重視で
スケジュールを立てましょう！

直前期の1週間のスケジュール

月	火	水	木	金	土	日
憲法	民法	行政法	民法	行政法	会社法 行政法	一般知識等 憲法

重要な科目（メイン科目）に焦点を置きつつ、1週間で全科目に触れるのがポイント！

 チェックポイント

勉強量が偏りすぎないように注意！

①科目の重要度を意識する
②ひとつの科目に集中しすぎない

1 合格をかなえる勉強法
2 憲法
3 行政法
4 民法
5 基礎法学
6 一般知識・商法・会社法

メイン科目は
「複線化」を意識しよう

複線化とは、Aを勉強しながら、
前に勉強したBの振り返りも行うことです

行政書士試験における「メイン科目」とは？

前項で「メリハリをつけて勉強することが必要」と述べました。

そこでまず意識したいのが、科目を**メイン科目**と**サブ科目**とに分けて勉強することです。

では、行政書士試験では、どの科目がメイン科目となるのでしょうか。

配点から考えると、112点分ある**行政法**と76点分ある**民法**の2つがまず挙げられます。

さらに、配点は28点と少ないのですが、行政法の理解の前提になる**憲法**もメイン科目のひとつだと考えてください。

そして、短期間で合格を勝ち取りたいのであれば、まず**この3つのメイン科目を習得することが何よりも重要**になります。

「複線化」って何だ？

サブ科目については次項で述べますが、メイン科目とサブ科目とでは勉強量だけでなく、その勉強法も異なります。

メイン科目である行政法、民法、憲法は、勉強する範囲が広く、一通り学ぶだけでもかなりの時間を必要とします。

そのため、憲法を勉強して、次は行政法、そして民法……という順番で勉強する場合に、実践してほしいことがあります。

それは、複線化を意識しながら勉強することです。

具体的には、**今勉強している科目についてだけ勉強するのではなく、必ず前に勉強した科目の振り返りも同時に行っていくのです**。

複線化を意識することで、前に勉強した科目について記憶が完全に抜け落ちるのを防ぐことができます。

◎ メイン科目は行政法・民法・憲法の3つ

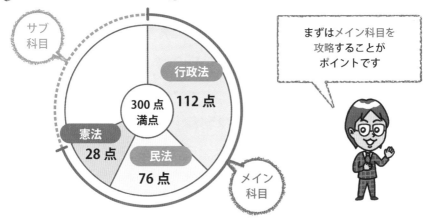

まずはメイン科目を
攻略することが
ポイントです

◎ メイン科目は「複線化」で勉強する

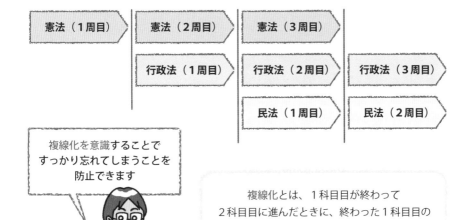

複線化を意識することで
すっかり忘れてしまうことを
防止できます

複線化とは、1科目目が終わって
2科目目に進んだときに、終わった1科目目の
見直しを必ず一緒に行うこと

チェックポイント

メイン科目は同時進行で勉強する

①メイン科目は「触れない期間」をつくらないこと
②すっかり忘れてしまうことを防止することが重要

1 合格をかなえる勉強法
2 憲法
3 行政法
4 民法
5 基礎法学
6 一般知識・商法・会社法

04 勉強法❹

サブ科目は「時間対効果」を意識する

割り当てられる時間が少ない分、
どれだけ効率的に勉強できるかがポイントです

行政書士試験における「サブ科目」とは？

　ここではサブ科目の勉強法について見ていきましょう。行政書士試験でのサブ科目とは、**一般知識等**と**商法・会社法**です。

　ただし、一般知識等には、**基準点制度**があります。これは、一定の点数（14問中6問以上）が取れていないと、いくら法令等科目で高得点を獲得できても不合格になってしまう、という制度です（206ページ参照）。

　となると、一般知識等の場合、サブ科目といっても手を抜けません。しっかりとした対策が必要です。

　一方、商法・会社法は、範囲が非常に広い科目ですが、配点が20点しかありません。そのため、ほかの法令等科目に比べると、試験における重要度は下がります。

「知識の核（コア）」をつくり上げよう

　短期合格を目指す場合、勉強時間の多くは、メイン科目の勉強に割り当てることになります。となると、サブ科目は少ない時間で効率的に勉強することが求められます。

　そこで意識してほしいのが、**時間対効果**です。

　つまり、**限られた時間で、どれだけパフォーマンスを高めていくことができるかを、徹底的に意識して勉強する**のです。

　では、どうすれば時間対効果を高められるのでしょうか。

　それは、一言で言うと、**「本試験で繰り返し出されている論点」**をしっかり勉強することです。そうすることで**知識の核（コア）**になる部分をしっかりつくり上げていくことができます。それぞれの具体的な勉強法については第6章で述べます。

◎ サブ科目こそ学習の工夫をこらそう！

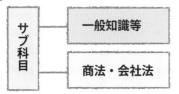

〈特徴〉

範囲が広〜い！

 全範囲をじっくり学習

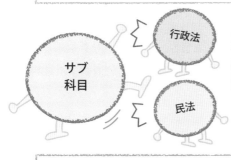

メイン科目の行政法・民法・憲法に
かける時間がなくなる

本末転倒！

 「時間対効果」を意識して学習

限られた時間 ➡ 最高のパフォーマンスが必要！

時間対効果を上げる秘訣は
本試験で繰り返し
出される論点を
意識することです

チェックポイント

サブ科目の勉強は、「時間をかけずに効率よく」

①繰り返し出されている論点から、優先的に学習する
②一般知識等は、基準点割れに注意

1 合格をかなえる勉強法
2 憲法
3 行政法
4 民法
5 基礎法学
6 一般知識・商法・会社法

学習計画の立て方が合否を分ける！

勉強をスタートする前に、
ゴールから逆算した「長期計画」を立てるべし！

超重要なのに、受験生の多くが忘れていること

行政書士試験の科目のイメージがつかめたら、今度は勉強を始める前に考えておかなければいけないことをお話ししましょう。

じつは、このことをわかっていたかどうか、別の言い方をすると、このことを考えてから勉強を始めたかどうかが、試験の合否に直結するといっても過言ではありません。

ところが、そんな大切なことなのに、多くの受験生が、そのことをまったく考えないまま勉強を始めてしまいます。

途中で気がついてくれればまだいいのですが、まったく気づかないまま試験当日を迎えてしまう……というケースもしばしばあります。これでは中途半端な準備で試験に臨むことになってしまい、その結果は当然……。

もう書かなくてもわかりますよね。

計画は「立てればOK！」ではない

では、勉強を始める前に考えておく必要があることとは何でしょうか？

それは、「**本試験当日に向けて、何を、いつまでに勉強するのか**」ということです。

この話をすると、多くの人がこう答えます。

「な〜んだ、『学習計画を立てろ』って話でしょ？　そんなの知ってるし、すでに実践しているよ」

そこで、「どう、計画を立てているの？」と質問すると、答えはこうです。

「毎日、明日は何を勉強するのかを考え、それを実行しています！」

……いえいえ、私の言う「学習計画を立てる」とは、そういう話ではないのです。

「計画」を立てずに勉強をスタートするな！

1 合格をかなえる勉強法
2 憲法
3 行政法
4 民法
5 基礎法学
6 一般知識・商法・会社法

✕ 計画を立てずに勉強をスタート。
毎日、「明日やること」を決め、実行する

試験日
11月○日

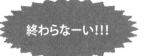
終わらなーい!!!

パニック！

やることがたくさんあり、本試験の直前期になっても勉強が終わらず、パニックに陥る

〇 最初に、試験までの全体の計画を立てる。
それをベースに「日々やること」を決め、実行する

試験日
11月○日

月	火	水	木	金	土	日
憲法	民法	行政法	民法	行政法	会社法 行政法	一般知識等 憲法

勉強は
計画的に

サクサク…

「本試験当日に向けて、何を、いつまでに勉強するのか」が明確なので、落ち着いてサクサク勉強が進められる

📖✍ **チェックポイント**

試験勉強の失敗パターンとは？

①学習計画を立てずに、やみくもに勉強をスタートする
②「明日、やること」を決めることが、学習計画と勘違いしている

多くの受験生が試験直前にパニックになる理由

もちろん、明日、何を勉強するかを考えることがいけないわけではありません。むしろ、考えておくに越したことはないでしょう。しかし、翌日の学習計画だけでは、残念ながらなかなか合格に近づけません。

こうした毎日の学習計画とは、言ってみれば、**積み上げ式**の計画です。毎日の学習で一つひとつ知識を積み上げていきながら、合格というゴールを目指していく方法です。

でも、「そのペースで勉強を続けて、試験に間に合いますか？」と聞かれたら、不安になりませんか。

なにせ、行政書士試験の出題範囲は幅広いですから、積み上げ式では、試験の直前期になっても手つかずの部分がいっぱい！となりかねません。その結果、「あれもやってない。これも終わってない」とパニック状態になるのが目に見えています。

長期計画と短期計画の２本柱でいこう！

こうした事態を避けるには、どうすればいいのでしょうか。

それは、**ゴールから逆算して学習計画を立てる**ことです。これが、行政書士試験の勉強を始める前にまず取り組んでほしいことです。つまり、**逆算式**で長期計画（１年くらい）を立てるわけです。

長期なので、細かく決める必要はありません。「**いつまでに、何をやっておかなければいけないのか**」をざっくりでよいので、**頭に入れておきます。**その際、①基礎力確立期、②直前期、③超直前期の３タームに分けるのがおすすめです（ちなみに、②直前期とは試験２～３カ月前、③超直前期とは試験１カ月前あたりになります）。

長期計画が決まったら、次に短期計画を立てます。

タームごとに、「何」を「いつまで」にやるのかを、より具体的に考えていきます。ただ、直前期や超直前期に何をやるかは、勉強を始めた時点ではよくわかりませんよね。なので、この時点では基礎力確立期のみを考えればOKです。その際、２週間単位で計画を組んでいくのがおすすめです。

◉「積み上げ式」ではなく「逆算式」でいこう

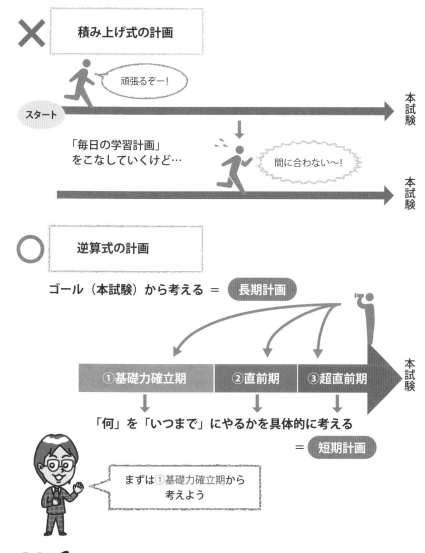

× 積み上げ式の計画

頑張るぞー！

スタート ───────────────────────▶ 本試験

「毎日の学習計画」
をこなしていくけど…

間に合わない〜！

───────────────────────▶ 本試験

○ 逆算式の計画

ゴール（本試験）から考える ＝ 長期計画

①基礎力確立期 ②直前期 ③超直前期 ▶ 本試験

「何」を「いつまで」にやるかを具体的に考える
＝ 短期計画

まずは①基礎力確立期から
考えよう

📖🖊 チェックポイント

学習計画で意識したい2つのこと

①「積み上げ式」ではなく「逆算式」で
②「長期計画」と「短期計画」の2本柱を意識する

1 合格をかなえる勉強法
2 憲法
3 行政法
4 民法
5 基礎法学
6 一般知識・商法・会社法

「ノート」の活用で もっとも大切なことは？

ノートは「つくったら、使う」でなければ、
単なるムダです！

「ノートづくり」は勉強ではありません

学習計画を立てたら、いよいよ勉強開始です。

テキストを開いたあなたは、ふとこんなことを思うかもしれません。

「やっぱりテキストの内容は、きちんとノートにまとめるべきかな〜」

小学校のころから、知識の定着等のために、勉強したことを「ノートにまとめる」という方法を、親や学校の先生などからすすめられてきた人は多いと思います。

その結果、「勉強＝ノートづくり」という感覚が条件反射的に出てくる人が少なくありません。

しかし、「ノートづくり」は、ただなんとなくやると、「時間のムダ」になることを知っていましたか。

ノートはつくることが目的ではありません

なぜ、時間がムダになるのか。それは、初めて勉強する分野の場合、あなたにとって未知の世界のため、どこが重要なのかがわからないままノートにまとめてしまいかねないからです。

その結果、テキストの丸写しになってしまう……。これでは、まったく勉強になりません。

といっても、「ノートをつくるな！」と言っているわけではありません。ノートはつくってもかまいません。ただし、その作業を「勉強」と勘違いしないでほしいのです。

ノートは「つくる」ことが勉強ではありません。**つくった後、そのノートを「使う」から勉強になるのです。**

つくったノートをどう使っていくか。そこを徹底的に意識しましょう。

◎「使えるノート」づくりとは?

× ただなんとなくノートをつくる

テキストとほとんど
同じものができる

時間のムダ!

○ 目的を持ってノートをつくる

たとえば…

3回間違えた問題だけを
ノートに書き出す → ノートを見ることで
よく間違える問題を
一気に見直せる

=

使えるノート

チェックポイント

ノートづくりのコツとは?

①ノートづくりは「勉強ではない」ことを意識する
②つくった後の利用目的を、つくるときから意識する

1 合格をかなえる勉強法
2 憲法
3 行政法
4 民法
5 基礎法学
6 一般知識・商法・会社法

勉強法⑦

覚えたことを忘れないための
ひと工夫とは？

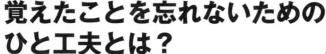

定期的なチェックを繰り返して、
「忘れない記憶」にしましょう

「全部、覚えていこう！」の落とし穴

　さっそく試験勉強をスタートしたあなたは、テキストを開いてこんなこと
を感じるかもしれません。

「う～ん、思ったより、覚えなければいけないことが多いなぁ……」

　行政書士試験はマークシート式が中心である以上、試験で問われることを
覚えているかどうかが、勝負の分かれ道になるのは事実です。そこで、「よし。
全部、覚えていこう！」とあなたが考えたのであれば、それは要注意です。

記憶は何もしなければ、どんどん失われる

「覚える」という意識は、「忘れてはいけない」という意識と一体になりが
ちですから、ちゃんと覚えていないと、「あっ、覚えてない‼」と自分を責
めてしまいがちです。

　でも、考えてみてください。人間の記憶なんていい加減なものです。

　電話番号や住所など、しばしば思い出す機会がある情報は、きちんと思い
出せるものです。一方、そのような機会がない、あるいは、たまにしか思い
出す必要のない情報は、どんどん忘れていきます。人間の記憶力なんて、そ
んなものです。

　では、忘れないためには、どうすればいいのでしょうか。それには、**完全
に思い出せなくなる前に記憶を更新する**ことです。つまり、**定期的に思い出
せるかどうかをチェックする**ことが、試験勉強では重要なのです。

　その、「定期的なチェック」の目安になるのが、**エビングハウスの忘却曲
線**です。これによると、人間は一度覚えても１カ月後にはほとんど忘れてし
まうそうです。そして、この曲線を参考に、２週間に１回はチェックするの
が、忘れない記憶にするためのおすすめのタイミングになります。

◎「覚える」より「思い出す」ことが大切！

究極の事実 人間は覚えただけで何もしないと、たいてい忘れる

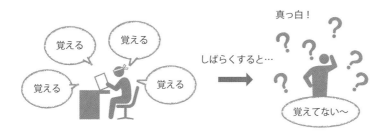

対策 忘れる前に、定期的に繰り返し復習する！

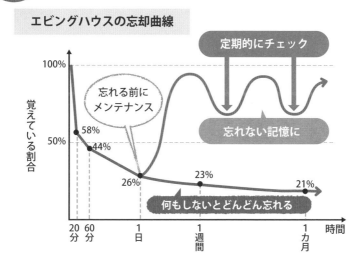

エビングハウスの忘却曲線

1 合格をかなえる勉強法

2 憲法

3 行政法

4 民法

5 基礎法学

6 一般知識・商法・会社法

📖✒ チェックポイント

記憶を定着させるためには？

①忘れることを怖がらない
②定期的なチェックで定着を図る

08

勉強時間は、自分でつくり出す

「使える時間」を棚卸しして、
1日3時間の勉強時間を確保しましょう

「忙しい世代」が受験生の約半分という現実

　行政書士試験研究センターによると、行政書士試験に挑戦している人の約47.1％が30〜40代の人たちだそうです（2022年度）。

　つまり、受験生の半数以上が「忙しい世代」に属しているわけです。

　仕事をしながら、子育てをしながらなど、ほかにやらなければいけないことをいろいろ抱えながら、みなさん試験勉強をしているわけです。ひょっとするとあなたも、同じ状況なのではありませんか？

　こうした状況で勉強を続けるのはやはり大変です。実際、途中で受験を断念してしまう人の中には、「忙しくて勉強時間が確保できなかった」ということを理由に挙げる人が少なくありません。

時間の使い方の「棚卸し」をしてみよう

　では、忙しさに振り回されずに勉強を続けるには、どうすればいいのでしょうか。まずあなたに行ってもらいたいのは、**使える時間について「棚卸し」することです。

　そこで、右ページを参考に、円グラフに「今の時間の使い方」を書き出し、その中で「ここは絶対に勉強できない」という時間を選び出してください。それ以外は、「あなたが勉強できる時間」ということになります。

　といっても、それらすべてを勉強に使うわけにはいきませんよね。そこで、**①絶対、勉強に使う時間、②できれば勉強に使いたい時間、③うまくいけば勉強できる時間**といったように優先順位をつけていきましょう。

　①だけで1日平均3時間の勉強時間を確保するのが理想です。それが難しい場合は、②や③の時間を上手に活用し、1日3時間を確保しましょう。

◎ 時間の「棚卸し」の仕方

STEP 1

今の自分の1日の過ごし方を円グラフに書いてみる

【例】

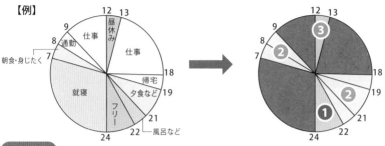

STEP 2

絶対に勉強できない時間帯を黒く塗りつぶし、それ以外の時間について右の時間を割り振る

❶ 絶対、勉強に使う時間

❷ できれば勉強に使いたい時間

❸ うまくいけば勉強できる時間

❶だけ、もしくは❶+❷+（❸）で1日3時間の勉強時間を確保する！

あなたが勉強できる時間は？

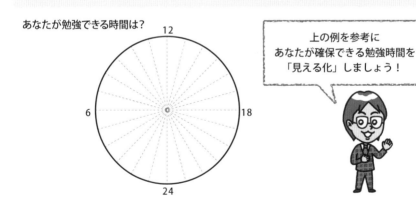

上の例を参考に
あなたが確保できる勉強時間を
「見える化」しましょう！

📖✍ チェックポイント

勉強時間は、どのように確保する？

①自分の時間の使い方を、あらためて確認する

②使える時間に、優先順位をつける

勉強法⑨

勉強に「やる気」はいらない

勉強のための「儀式」を決めて、
やる気に頼らない勉強法を身につけましょう

やる気がないと、本当に勉強できない？

勉強時間が確保できても、「なんか今日は、やる気が出ないなぁ」とか、「最近、やる気が出ないのですが、どうしたらやる気って出ますか？」など、「やる気」に関する悩みが今度は出てきたりします。

いや、ホント、受験生の悩みは尽きません。

勉強するためにはやる気が必要とか、勉強できないのはやる気がないからなど、勉強をすることとやる気の相関関係を意識している人は非常に多いですね。

でも、それって本当にそうなのでしょうか？

やる気より大事なのは習慣化

じつは、**勉強において大切なのは、やる気ではありません。**

やる気というのは、そもそも実体のない不確かなものです。出るときは出るし、出ないときは出ない。「どうしたらやる気になれますか？」と尋ねられても、「わかりません」と答えるしかないのです。

ですから、勉強を続けるには、そんな不確かなものに頼るのではなく、別の方法を考えたほうが賢明です。

その別の方法とは、「これをしたらスーッと勉強モードに入れる」というような勉強のための「儀式（ルーティン）」を決めることです。

儀式といっても、呪文を唱えるとか、深呼吸をするとかではありません。昨日の復習を兼ねた「○×チェック」など、勉強の最初に必ずやることを決めておくのです。だいたい10分くらいで終わるものがいいでしょう。

勉強を続けるには、結局、**やる気ではなく、いかに習慣化するか**が大事なのです。

◎ やる気に頼らず勉強モードに入る方法とは？

究極の事実 ①

やる気やモチベーションは
勉強をしない言い訳に使われやすい

仕事が忙しくて
やる気が
出ないなぁ……

最近、
モチベーションが
下がってるなぁ……

言い訳

究極の事実 ②

そもそも、やる気やモチベーションは実体がない

モチベーション

やる気

頼らない！

対策

勉強するときに「最初に必ずやること」（＝儀式）を決め、
自然と勉強モードに入れるようにする

「最初に必ずやること」は、
だいたい10分くらいで
終わるものにします

今日も、いつもの
「○×チェック」から
いきますか！

チェックポイント

やる気に頼らない勉強法とは？

①やる気やモチベーションには実体がないことを理解する
②自分にとっての「儀式（ルーティン）」を決めておく

1 合格をかなえる勉強法
2 憲法
3 行政法
4 民法
5 基礎法学
6 一般知識・商法・会社法

勉強法⑩

過去問との「上手なつきあい方」とは？

「解く」ではなく「読む」が、
本当に伸びる過去問活用法です

過去問に始まり、過去問に終わる！

「行政書士試験の対策は過去問だけやっても足りない」

そんな話を聞いたことはありませんか？

だからなのか、「過去問は見なくていいですか？」と真顔で聞いてくる受験生がいたりします。

ここで断言しておきますが、行政書士試験だけでなく、**マークシート式試験の対策において、過去問を見なくていい、なんてことは絶対ありません。**

それどころか「**過去問に始まり、過去問に終わる**」といってもいいくらいです。

過去問は、ただ「解く」ものではない！

という話をすると、ただひたすらに「過去問を繰り返し解く」という行動パターンに出る受験生がいます。

じつは、過去問は、ただ繰り返し解けばいいというものではありません。むしろそうした方法は、まったく意味がなかったりします。

過去問の活用方法には、工夫が必要なのです。

ただ、その活用方法は科目によって微妙に変わります。そのため、一言で、「こうしたらいい」ということは言えません（各科目での過去問の活用方法については、それぞれの勉強法のところで紹介します）。

ただし、共通点もあります。それは、**過去問は「解く」のではなく「読む」** ということです。

つまり、問題文や、択一式であれば各選択肢もしっかりと読み込み、「何が問われているのか」を理解していくのです。

科目を問わず、これを過去問に対する基本のスタンスにしてください。

過去問は「解く」のではなく「読む」

1 合格をかなえる勉強法

2 憲法

3 行政法

4 民法

5 基礎法学

6 一般知識・商法・会社法

 大前提 試験対策は過去問に始まり、過去問に終わる

↓

では、どう活用するか?

× **過去問をただ「解く」だけ**

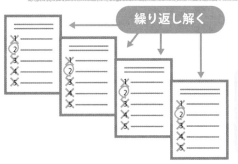

繰り返し解く

過去問を解くだけだと、同じ選択肢の組合わせであれば解けるが、少しでも組合わせが変わると、わからなくなる

○ **過去問を「読む」**

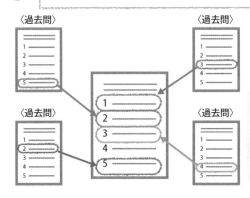

〈過去問〉　〈過去問〉　〈過去問〉　〈過去問〉

過去問のすべての選択肢を読むことで、どういった内容がこれまで問われてきたかがわかり、新しい選択肢の組合わせで出されても正誤が判断できる

📖✍️ **チェックポイント**

過去問を上手に活用するには?

①マークシート式試験での過去問の重要性を理解する
②過去問は、「解く」ものではなく「読む」ものであることを理解する

11 勉強法⑪

問題演習のときに
心がけるポイントとは？

解答の際、
「時間を計る」ことを鉄則としましょう

中途半端は最悪です！

　過去問が読み物だとすると、問題を解くトレーニングについては、それとは別の素材を使って行う必要があります。

　具体的にどういった素材がよいかは、各科目についての勉強法の解説部分で紹介しておきますので、そちらを参照してください。

　ここでは、問題演習用の素材の活用法について、述べていきたいと思います。

　受験生を見ていると、次から次へと新しい問題集を買ってきては、途中まで使って、そのまま放置してしまうケースがしばしばあります。「ほかの問題集のほうがよさそうに見えたので」とか、「書店で見ていたら、あれもこれも必要と思えたから」というのが、その理由の代表例です。

　合格を本気で考えるのならば、この悪しき習慣はすっぱりやめましょう！「使う問題集は１冊に決めて、繰り返し解く」とする勉強法もありますが、私の場合はそこまで言い切りません。しかし、１冊、購入したならば、それをじっくり解いていきましょう。**中途半端に何冊もの問題集をやるというのは、もっともよくない勉強法**です。

過去問と同じく、すべての選択肢を読む

　では、実際の問題の活用方法ですが、**解くにあたっては、必ず時間を計りましょう。**択一式問題なら１問３〜４分が目安です。時間を計ることで、時間感覚を日ごろの勉強から養っていくのです。

　また、問題を解いて解答をチェックしたら、それでおしまい、ではいけません。間違えた箇所を必ずテキストで確認し、すべての選択肢について、「どこが正しくて、どこが誤りなのか」をきちんと確認しましょう。

◎ 問題集の上手な使い方とは?

✕ いろいろな問題集を 買いそろえる	◯ 1冊を繰り返し解く
問題集A 問題集B 問題集C 問題集D 問題集E	問題集A
「あれもこれも……」では どれも中途半端になる	何度も解くことで 理解が深まる

◎ 解くときは「時間」を意識する

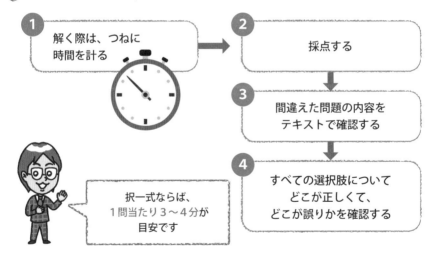

1 解く際は、つねに時間を計る

2 採点する

3 間違えた問題の内容をテキストで確認する

4 すべての選択肢についてどこが正しくて、どこが誤りかを確認する

択一式ならば、1問当たり3〜4分が目安です

チェックポイント

問題集を使いこなすためには？

①あれこれ手を出さない
②ダラダラ解かない。時間を計る

1 合格をかなえる勉強法
2 憲法
3 行政法
4 民法
5 基礎法学
6 一般知識・商法・会社法

12 勉強法⑫

独学でいくか、スクールを利用するか？

いずれにしても、
「勉強するのは自分自身」です！

▎フル活用か、ポイント活用か

　行政書士試験対策のスクールはたくさんあります。私が教えている LEC もそのひとつです。

　短期間で合格したいと考えているのであれば、何らかの形でこういったスクールを利用することをおすすめします。

　今はオンラインで講義を受けることが可能ですので、どこに住んでいても最新の情報に基づいた講義を受けることができます。

　ちなみにスクールの代表的な使い方としては、大きく2つあります。ひとつが、スクールのすべての講義を利用して勉強するというものです。

　もうひとつが、市販のテキストなどである程度勉強したうえで、弱点補強や記述式対策、一般知識等対策など、ポイントを絞って利用するという方法です。

　あなたの状況や性格等に合った活用方法を検討してみましょう。

▎すべての受験生は結局、独学である

　ただし、スクールを利用する・しないにかかわらず、忘れてはいけないことがあります。それは、**勉強するのはあなた自身**ということです。

　そして、「自分で勉強する」という点で、すべての受験生が独学なのです。スクールも市販の教材も、独学のためのツールにすぎません。

　なので、あなたの状況に応じて、スクールを上手に使ってください。

　そして、もうひとつ、忘れてはいけないことがあります。それは、「**この講義をただ受けるだけで合格できる**」なんて講座は、**世の中にはない**ということです。

　その点は、くれぐれも誤解しないよう注意してください。

◎ スクールの上手な利用法

フル活用する

インプットから
スクールを最大限に活用する

ポイント活用する

インプット
は自分で

＋

弱点補強や
総まとめだけ
スクールを活用

模擬試験のみ活用する

自分で
勉強

＋

模擬試験のみ
スクールを活用

ただし、いずれの場合でも…

 授業を受けるだけで終わり

 しっかり復習するなど
主体的にスクールを活用する

📖✒️ チェックポイント

スクールを活用する際に意識すべきこと

① 自分の勉強計画において、スクールをどのように使うかを考える
② スクールは「ツール」であることを、忘れない

13 ウェブ系の勉強ツールも 使い倒そう

ブログや SNS、YouTube は
情報の宝庫です

講師ブログは必見！

　今は各スクールの講師や合格者など多くの人が、学習方法等をブログで発信しています。

　私も 2006 年 11 月から、「横溝慎一郎行政書士合格ブログ」というブログを書いています。始めた当初は、ブログを書いている行政書士試験の講師なんてほとんどいませんでした。

　それはともかく、とても有益な内容を発信している講師ブログはたくさんあります。ぜひいろいろチェックをしてみて、お気に入りの講師のブログは定期的に目を通しておくといいでしょう。

SNS やアプリは、ほどほどの距離感で活用する

　最近は、Twitter（ツイッター）や LINE（ライン）、Instagram（インスタグラム）、Studyplus（スタディプラス）などの SNS で、受験生同士が情報を交換し合うことも多くなっています。

　同じ試験を目指して勉強している人同士ですから、励みにもなりますし、いろいろな発見の場にもなると思います。

　ただし、のめり込みすぎると危険です。SNS をチェックする時間が長くなり、勉強がおろそかになりかねません。**ほどほどを意識**してください。

YouTube はおすすめ

　YouTube（ユーチューブ）は、ぜひ活用してほしいツールです。実際、ポイント講義を無料公開しているスクールも多く、参考になる情報を入手することができますので、おすすめです。

◎「ウェブ系勉強ツール」のいろいろ

ブログ

●「横溝慎一郎行政書士合格ブログ」
URL ➡ https://ameblo.jp/mizo-pan/

毎日更新しているので
定期的にチェックしてみてくださいね

SNS

適度な
距離感で

LINE
Twitter
Instagram
Studyplus
など

ハマりすぎて、
勉強より SNS を見る時間が
長くなるようでは
本末転倒です

YouTube

【資格の総合スクール】LEC東京リーガルマインド

LEC をはじめ、
さまざまなスクールが
YouTube に動画を
アップしています

📖✏ チェックポイント

ウェブ系のツールは使い方次第

① あくまでも「補完材料」として利用する
② 受験生同士の交流は、ほどよく距離を保つことが重要

1 合格をかなえる勉強法
2 憲法
3 行政法
4 民法
5 基礎法学
6 一般知識・商法・会社法

勉強法⑭

模擬試験は
受ける必要があるか？

いくつかの模擬試験を経験することで、
本番力を養えます

素晴らしいパフォーマンスは、徹底したリハーサルの賜物（たまもの）

　素晴らしい舞台作品やコンサートは、リハーサルをかなり入念に行っているはずです。「練習は本番のように」という格言がありますが、いろいろな状況を想定したリハーサルを行っているからこそ、本番で素晴らしい演技や演奏ができるのです。

　ぶっつけ本番で行われた舞台やコンサートが、素晴らしい内容になっていたとしたら、それはただの偶然と見るべきでしょう。

行政書士試験でのリハーサルは、模擬試験

　行政書士試験においても、本試験当日に起こるかもしれないハプニングを平常心で乗り切るために、入念なリハーサルは大切です。

　行政書士試験にとってのリハーサルは、さまざまなスクールが実施している模擬試験（模試）ですね。

　なので、模試を受けずに、本番の試験に臨むというのは、おすすめできません。

　少なくとも、**5回くらいは模試を受けること**をおすすめします。

　その際、**意識したいのが、解く順番や時間配分**です。

　複数の模試を受けることで、いろいろ試して調整していくことができます。その繰り返しの中で、本試験でのベストなやり方を確立していくことができるのです。

　そのほか、模試の注意点ですが、模試には、実施しているスクールごとの「問題のクセ」があります。なので、複数のスクールの模試を受けるのがおすすめです。

1 合格をかなえる勉強法

2 憲法

3 行政法

4 民法

5 基礎法学

6 一般知識・商法・会社法

◎ 模試を受けたほうがいいのか?

模試を受けていないと…

時間が足りないよ〜
解く順番がわからないよ〜
どうしたら、いいんだろう〜

模試を受けていると…

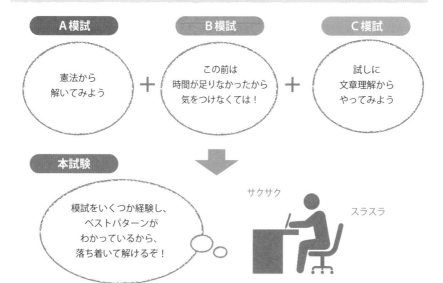

A模試

憲法から
解いてみよう

B模試

この前は
時間が足りなかったから
気をつけなくては!

C模試

試しに
文章理解から
やってみよう

本試験

模試をいくつか経験し、
ベストパターンが
わかっているから、
落ち着いて解けるぞ!

サクサク

スラスラ

チェックポイント

模擬試験を使いこなす方法

①本番と同じ行動パターンで模擬試験を受験する
②複数のスクールの模擬試験を受けておく

行政書士試験は法学部出身者が有利？

　「行政書士試験は法令科目中心の試験だから、法学部のほうが有利なのではないか？」

　こんな質問をよく受けます。

　こういった考えを持つことは決して不思議なことではありませんが、これは大きな間違いを含んでいます。

　たしかに、行政書士試験は法令科目が中心の試験といえますが、法令科目のみの試験ではありません。基準点割れを起こさないという意味で重要な一般知識等科目も存在しています。

　そして、一般知識等科目について、法学部が有利かどうかを考えることはナンセンスです。

　さらに、法令科目で中心的な存在である「行政法」については、通常大学の法学部のカリキュラムで学ぶようなものではありません。

　そもそも大学で学ぶ法律は、「学問」としての憲法や民法であるといえます。また、当たり前のことながら、大学での法律の講義は、行政書士や司法書士といった資格試験の対策に主眼を置いたものでは決してありません。

　そして、行政書士試験を受験する大部分の人は社会人や主婦であり、学生ではありません。

　一度社会に出たら、大半の人が大学で学んだことなど忘れていると思って間違いないでしょう。

　以上を踏まえると、法学部出身という、一見、行政書士試験の学習上有利に見えることが、受験するうえで必ずしもアドバンテージになるということはありません。

　かえって、「私は法学部出身だから」という間違ったプライドが、学習の妨げになることを心配したほうがいいくらいです。

第 2 章

憲法

合否を分ける科目である憲法の勉強法や、
憲法の概要を説明していきます。

勉強法❶

憲法の出来が
合否を分ける

憲法は行政法の理解の土台。
手を抜くと大量失点につながる可能性あり！

憲法は隠れたメイン科目

　憲法は択一式5問、多肢選択式1問とそれほど出題数、配点とも大きくはありません（右ページ参照）。そのため、後まわしにして、十分な対策を取らないまま本試験を迎えがちな科目です。

　ところが、その結果、憲法の出来が合否を分けることがしばしばあります。**とくに憲法の条文知識を問う問題を間違えると、合格が遠のきかねません。**

なぜ憲法が合否を分けるのか？

　では、なぜ憲法の出来が、合否を分けるのでしょうか？

　それは、**憲法で学ぶ知識が、行政法の理解の土台**になるからです。

　日本国憲法には「国家権力の濫用を防ぐとともに、国民の権利や自由を守る」という役割があります。つまり、権力側と私たち国民との間に適用されるルールが、憲法なのです。

　そして、このことは、行政法でもいえます。両者の違いをわかりやすくいえば、**理想を掲げるのが憲法**で、**現実的な対応を扱うのが行政法**といえるでしょう。

　そのため、行政書士試験で出題される内容でも両者は重なる部分が多く、憲法の理解が行政法の勉強でも活かせることが多々あるのです。

　また、**憲法の条文知識を問う問題への対策と、行政法の中で個別の条文知識を問う問題への対策にも共通点が多い**ことが挙げられます。

　憲法での条文知識を問う問題に対する対策が十分取れていないと、行政法でも同じことが起きている可能性が高く、その結果、大量失点につながる可能性が高くなるのです。

◎ 憲法の配点

出題形式	問題数	配点
択一式	5問	20点
多肢選択式	1問	8点
合計	6問	28点

憲法は、問題数、配点とも大きくないですが、じつは合否のカギを握っています。対策を怠らないこと！

◎ 憲法は「理想」、行政法は「現実」

カフェを開きたい！

憲法　職業選択の自由　〈理想〉

↓

行政法　営業許可が必要　〈現実〉

◎ 憲法の役割とは？

国家権力

私、国民の権利や自由を守っています！

憲法バリアー‼

国民

📖✒ チェックポイント

憲法が隠れたメイン科目となる理由

① 憲法は、行政法の理解の土台になっている
② 条文知識問題対策は、憲法でできていないと、行政法でもできていないことが多い

1 合格をかなえる勉強法
2 憲法
3 行政法
4 民法
5 基礎法学
6 一般知識・商法・会社法

02 憲法を学習する際の ポイントは？

過去問で問われている「判例」や「条文」を
丁寧に確認しましょう

判例知識型問題はこう解く

　憲法の択一式問題の出題パターンはほかの科目と比べても多彩です（右ページ参照）。そこで、ここでは**知識型**（判例知識型問題・条文知識型問題）に絞って対策をお話しします。まずは**判例知識型問題**への対策です。

　最高裁判所の判決（**判例**といいます）の知識を問う問題に対しては、論点ごとに有名な判例がありますので、**過去問で問われている判例を中心にその内容をきちんと把握していくことが大切**です。

　この本でも、有名な判例の一部を次項から紹介していきますので、それも参考にしてください。

　判例の内容を学ぶときは、まず「どんな事件だったのか？（**事案**といいます）」から始めましょう。その判例の背景を知ることは、その理解を深める手助けになります。次に「何が問題となったのか？（**争点**といいます）」をチェックします。

　そのうえで「その争点について、最高裁判所はどのような判断の基準を示したのか？」を確認してください。試験で問われるのは、この部分です。

条文知識型問題はこう解く

　次に**条文知識型問題**への対策です。

　過去問での各条文の問われ方をまず確認することから始めます。

　条文知識が問われるのは、主に**統治**と呼ばれる分野の条文です。**その条文のどの部分が、どのように変えられて、誤った内容の選択肢になっているのか**を丁寧に確認しながら、条文に目を通していきましょう。

　なお、こうした対策は、行政法において条文知識が問われるタイプの問題への対策と共通です。しっかり意識に留めておいてくださいね。

1 合格をかなえる勉強法

2 憲法

3 行政法

4 民法

5 基礎法学

6 一般知識・商法・会社法

◎ 憲法の出題パターン

❶ 判例知識型問題	最高裁判所の判例に関する知識を問う問題
❷ 条文知識型問題	憲法の条文知識を問う問題。条文そのものだけでなく、条文の解釈を問うものも出題されることがある
❸ 読み取り型問題	20 行前後の文章が示され、その文章の内容と一致するものを選ぶなど、文章理解の要素が大きいタイプの問題
❹ クイズ型問題	仲間外れを選ぶなど、問題文で与えられた指示に従って解答する問題
❺ 並べ替え・穴埋め型問題	判決文の並べ替えや、穴埋めをするタイプの問題

上の 5 つの出題パターンに
しっかり慣れておきましょう！

これが「判例知識型問題」です！

【問題】

捜査とプライバシーに関する次の記述のうち、最高裁判所の判例に照らし、妥当なものはどれか。

（2021年　問4）

1. 個人の容ぼうや姿態は公道上などで誰もが容易に確認できるものであるから、個人の私生活上の自由の一つとして、警察官によって本人の承諾なしにみだりにその容ぼう・姿態を撮影されない自由を認めることはできない。

2. 憲法は、住居、書類および所持品について侵入、捜索および押収を受けることのない権利を定めるが、その保障対象には、住居、書類および所持品に限らずこれらに準ずる私的領域に侵入されることのない権利が含まれる。

3. 電話傍受は、通信の秘密や個人のプライバシーを侵害するが、必要性や緊急性が認められれば、電話傍受以外の方法によって当該犯罪に関する重要かつ必要な証拠を得ることが可能な場合であっても、これを行うことが憲法上広く許容される。

4. 速度違反車両の自動撮影を行う装置により運転者本人の容ぼうを写真撮影することは憲法上許容されるが、運転者の近くにいるため除外できないことを理由としてであっても、同乗者の容ぼうまで撮影することは許されない。

5. GPS端末を秘かに車両に装着する捜査手法は、車両使用者の行動を継続的・網羅的に把握するものであるが、公道上の所在を肉眼で把握したりカメラで撮影したりする手法と本質的に異ならず、憲法が保障する私的領域を侵害するものではない。

答え：2

 チェックポイント

憲法は、こう学習する

①本試験での出題パターンを知っておく

②まず「判例知識型問題」と「条文知識型問題」の対策から始める

03 マクリーン事件
（最高裁昭和53年10月4日大法廷判決）

在留外国人にも、憲法の人権保障は原則及び、
政治活動の自由も、原則保障されています

マクリーンさんに何があったのか？

アメリカ人のロナルド・マクリーンさんは、とある英会話スクールの先生になるために 1969（昭和 44）年 5 月に来日しました。日本が大好きなマクリーンさんはもう 1 年日本にいたいと考え、在留許可の更新を申請します。ところが、法務大臣は許可してくれませんでした（**不許可処分**といいます）。そこでマクリーンさんは不許可処分の取消しを求めて裁判を起こします。

この裁判は**マクリーン事件**と呼ばれています。最高裁判所（以下、最高裁）の判決ではいろいろな論点に触れていますが、今回は、「**外国人に政治活動の自由ってあるの？**」という点に絞って考えてみましょう。

というのも、このマクリーンさんは、日本での在留期間中に政治活動を行っており、それが不許可処分の理由のひとつだったからです。

政治活動の自由は、基本的人権のひとつである**表現の自由**（憲法 21 条 1 項）によって保障されています。

では、マクリーンさんのような外国人にも、基本的人権の保障は及ぶのでしょうか？

また、及ぶ場合に、政治活動の自由は保障されているのでしょうか？

外国人に政治活動の自由は保障されているが……

最高裁は、「**外国人であっても、基本的人権の保障は原則及ぶ**」と判断しました。ただし、その範囲には制限があり、権利の性質上、日本国民のみを対象としていると考えられる人権は除く、としました。

では、「外国人の政治活動の自由」はどう扱われたのでしょうか。答えは、「**原則、保障される**」です。ただし、**在留許可の更新の許可・不許可においては、その活動がマイナスに評価されても仕方がない**という見解を示しました。

1 合格をかなえる勉強法

2 憲法

3 行政法

4 民法

5 基礎法学

6 一般知識・商法・会社法

◎ **外国人の人権**について

【問題】

人権の享有主体性をめぐる最高裁判所の判例に関する次の記述のうち、妥当でないものはどれか。

（2017年　問3）

1. わが国の政治的意思決定またはその実施に影響を及ぼすなど、外国人の地位に照らして認めるのが相当でないと解されるものを除き、外国人にも政治活動の自由の保障が及ぶ。

（本肢は妥当）

最高裁判所の判断

● **外国人の政治活動の自由** ───────＞ 　原則保障

ただし…

わが国の政治的意思決定、またはその実施に影響を及ぼすような活動など、外国人の地位にかんがみ、これを認めることが相当でないものは除く

では…

● **マクリーンさんの政治活動**は？ ───＞ 　保障される

● **マクリーンさんの在留不許可処分**は？ ─＞ 　問題なし

更新のときに
在留中の行動（このケースでは政治活動）が、
マイナスに評価されることは仕方がない、
と最高裁は判断したわけです

 チェックポイント

在留外国人の政治活動について

①外国人にも、政治活動の自由は、原則保障される
②在留中の行動が、在留許可の更新の際にマイナス評価されることはありうる

04 判例❷

三菱樹脂事件
（最高裁昭和48年12月12日大法廷判決）

私人間の争いに憲法は直接適用できませんが、
間接的にその効力を及ぼすことはできます

ウソがばれて本採用拒否に！

　三菱樹脂株式会社は将来の幹部候補社員の採用にあたり、3カ月の試用期間を設け、適性を見たうえで正式採用する方法をとっていました。といっても、この試用期間の後に本採用を断られた学生はそれまでいなかったそうです。

　1963（昭和38）年に東北大学法学部を卒業した高野さんも、この採用方式で当時採用されました。ところが、高野さんは3カ月の試用期間が過ぎた時点で、本採用を拒否されました。

　理由は、採用面接で「学生時代に学生運動に関わっていなかった」とウソをついたのがバレてしまったからです。

　この事態を受けて、高野さんは、労働契約の存在の確認を求めて訴えを起こします。

私人間でも、憲法の効力は間接的に及ぶ？

　高野さん側は、会社側の本採用拒否は、**憲法19条が定める思想・良心の自由**の侵害だと主張しました。これにより、高野さん（個人）と三菱樹脂株式会社（私企業）という私人間の争いに、憲法19条を適用して解決できるのかが大きな争点として浮かび上がりました。

　結論としては、**「憲法は直接私人相互間の関係に適用されるものではない」**とする一方で、**間接的には憲法の効力を私人間の問題に及ぼすことはできる**としました（これを間接適用説といいます）。

　そして、このケースでは思想信条を理由に企業が採用を拒否することは民法上、問題ないが、本採用拒否は雇入れ後の解雇にあたるので、慎重に判断すべきとされました。

1 合格をかなえる勉強法

2 憲法

3 行政法

4 民法

5 基礎法学

6 一般知識・商法・会社法

◉ 私人間のトラブルは憲法で処理しない（最高裁判所の判断）

● 両者の間のトラブルは憲法ではなく、民法で処理すべき

憲法 とは、国家権力の濫用から国民の権利・自由を守るためのもの

● 三菱樹脂と高野さんでは、力関係に大きな差があるが、それでも民法で処理すべきである

● そのとき、これがたとえば、「高野さん vs 国」だったら人権問題になる可能性を念頭に置いて処理することで、適切な調整を図ればよい

→ **間接適用説**

今回のケースは、本採用の拒否が、民法上、違法になるかが問題とされました

【問題】

私法上の法律関係における憲法の効力に関する次の記述のうち、最高裁判所の判例に照らし、正しいものはどれか。 (2013年 問4)

1. 私人間においては、一方が他方より優越的地位にある場合には私法の一般規定を通じ憲法の効力を直接及ぼすことができるが、それ以外の場合は、私的自治の原則によって問題の解決が図られるべきである。

5. 企業者が、労働者の思想信条を理由に雇い入れを拒むことは、思想信条の自由の重要性に鑑み許されないが、いったん雇い入れた後は、思想信条を理由に不利益な取り扱いがなされてもこれを当然に違法とすることはできない。

(両肢は誤り)

📖✒️ **チェックポイント**

私人間のトラブルと憲法の関係は？

①私人間のトラブルを、憲法で処理することはダメ
②民法で処理するときに、憲法の人権規定の価値を、間接的に反映することはOK

05 判例❸

京都府学連事件
（最高裁昭和44年12月24日大法廷判決）

重要度 ★★★

肖像権は、憲法13条で保障されますが
その保障が制限されることもあります

警察官が無断で写真撮影するのは許される？

1962（昭和37）年、京都府学生自治会連合（京都府学連）が主催したデモに参加した当時、立命館大学の学生だったXくん。

彼はもともと主催者が届け出たデモの進行ルートのことなどまったく知らずに参加していました。ところが、なぜかデモ隊の先頭に立って行進するという大胆な行動に出たのです。

進行ルートをよく知らないXくんが先頭にいたためでしょうか。デモ隊は届け出たルートから外れる形で行進するようになっていきます。そして、それを見ていた警察官が、歩道上からその様子をカメラで撮影しました。

すると、デモに参加していた学生たちは撮影をしていた警察官に詰め寄ります。Xくんはほかの学生が持っていた旗竿を手に取り、その警察官の下あごを突きました。

結局、Xくんは傷害罪や公務執行妨害罪で逮捕され、起訴されてしまいます。そして、Xくん側の弁護士は、この警察官が無断でXくんやまわりの人を撮影したこと自体が人権侵害に当たるとして、無罪を主張しました。

さて、これは認められるのでしょうか？

肖像権は憲法で保障されているが、無制限ではない

最高裁は「**承諾なしに、みだりにその容貌・姿態を撮影されない自由**」は**憲法13条で保障されている**としました（これを**肖像権**と呼ぶことがあります）。一方で、**無制限で保障されているわけではない**とし、右ページで挙げる3つのケースでは肖像権の制限が許されるとしました。

その結果、この事件での警察官の無断の撮影は合憲となり、Xくんの主張は認められませんでした。

1 合格をかなえる勉強法
2 憲法
3 行政法
4 民法
5 基礎法学
6 一般知識・商法・会社法

◎「肖像権」は無制限に保障されているわけではない（最高裁判所の判断）

● **X くんには「肖像権」が、憲法上、保障されている**（憲法13条）

> **肖像権** 承諾なしに、みだりにその容貌・姿態を撮影されない自由

● ただし、肖像権は無制限に保障されるものではない。
  必要な場合には、制限を受ける

【肖像権が制限される場合】
❶ 現に犯罪が行われ、または行われたのち間がないと認められる場合
❷ 証拠保全の必要性と緊急性がある場合
❸ 撮影が、一般的に許容される限度を超えない相当な方法で行われる場合

> 人権の保障は
> 一般的に「絶対保障」
> ではありません

> この制限では、「ほかの人が写ってい
> ても問題ない」（つまり、制限は許容
> される）としている点に注意！

【問題】
捜査とプライバシーに関する次の記述のうち、最高裁判所の判例に照らし、妥当なものはどれか。

（2021年　問4）

1. 個人の容ぼうや姿態は公道上などで誰もが容易に確認できるものであるから、個人の私生活上の自由の一つとして、警察官によって本人の承諾なしにみだりにその容ぼう・姿態を撮影されない自由を認めることはできない。

（本肢は妥当でない）

チェックポイント

肖像権は無制限ではない

①いわゆる肖像権は、憲法13条で保障されている
②肖像権の制限が許される3つのケースを覚えておこう

嫡出子・非嫡出子相続分差別違憲決定
（最高裁平成25年9月4日大法廷決定）

「民法900条の規定の合憲性」が争われた裁判。
この違憲決定により一部が削除されました

「嫡出子」と「非嫡出子」とでは相続のときに差が出る？

結婚するには婚姻届を役所に提出しなければいけないことは知っていますよね？　これを法律婚といいます。婚姻届を出さないと事実婚となり、夫婦は法的にお互いを配偶者として扱ってもらえません。

ちなみに、婚姻届を出した男女から生まれた子を嫡出子と呼びます。そうではない子が非嫡出子です。

かつて相続の場面において、嫡出子か非嫡出子かで相続できる権利の割合が違うという規定が、民法に置かれていました。具体的には、**非嫡出子は嫡出子の半分しか相続できない**という内容です（民法旧900条4号ただし書）。

最高裁も何度かこの規定が憲法違反かどうかを審査しています。しかし、いずれの場合も「問題ない」としてきました。その理由は「法律婚制度を取っている以上、当然だ」というものです。

相続で差をつける民法の規定は、やはり憲法違反

でも、よく考えてみると、嫡出子とか非嫡出子というのは、その子の責任で決まったものではありませんよね。本人が努力したら克服できる、というものでもありません。このような地位のことを社会的身分といいます。

なので、「それを理由に相続のときの扱いに差が生まれるというのは、差別ではないか？」という疑問が残ります。

そして、2013（平成25）年の最高裁決定により、**民法900条4号ただし書でのこのルールは、憲法14条1項の「法の下の平等」に違反する**と判断されました。それを受け、現在、このただし書の前半部分は削除されています。

◎ 嫡出子と非嫡出子の相続の差は「違憲」である

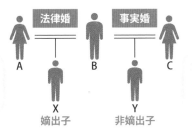

婚姻届を出している
法律婚のAB2人から
生まれた子は嫡出子

事実婚のBC2人から
生まれた子は
非嫡出子

最高裁判所の判断

● Bが亡くなったとき、XとYとが、それぞれ 2/3 と 1/3 の割合で相続するのが民法のルール

民法900条4号ただし書（当時）

第900条　同順位の相続人が数人あるときは、その相続分は、次の各号の定めるところによる。
一　子及び配偶者が相続人であるときは、子の相続分及び配偶者の相続分は、各二分の一とする。
二、三　（略）
四　子、直系尊属又は兄弟姉妹が数人あるときは、各自の相続分は、相等しいものとする。ただし、嫡出でない子の相続分は、嫡出である子の相続分の二分の一とし、父母の一方のみを同じくする兄弟姉妹の相続分は、父母の双方を同じくする兄弟姉妹の相続分の二分の一とする。

⬇

● 「子にとっては自らの選択ないし修正する余地のない事柄を理由としてその子に不利益を及ぼすこと」は許すべきではない。このような民法上のルールは憲法違反である

改正により、現在は、
条文中の赤線部分が削除されています

📖 チェックポイント

嫡出子と非嫡出子との相続分差別は憲法違反

①嫡出子や非嫡出子というのは、「社会的身分」に当たる
②なぜ、両者の相続分に差を設けることが憲法違反とされたのかを理解しよう

1 合格をかなえる勉強法
2 憲法
3 行政法
4 民法
5 基礎法学
6 一般知識・商法・会社法

エホバの証人輸血拒否事件
（最高裁平成12年2月29日第三小法廷判決）

輸血拒否は憲法で保障される「人格権」のひとつ。
患者が望むなら、その意思を尊重する必要あり

治療には輸血が必要不可欠。しかし……

「エホバの証人」という宗教をご存じですか？　アメリカで19世紀後半に創設され、日本にも約21万人の信者がいるといわれているキリスト教系の宗教団体です。

この宗教の信者はさまざまな禁止事項を守ることを求められているのですが、そのうちのひとつに「輸血をしてはならない」というものがあります。

そのエホバの証人の信者Aさん（女性）が、悪性の肝臓血管腫であると診断されました。治療には手術が必要であり、その際、輸血が必要不可欠でした。「輸血はしてはならない」というルールがあるため、エホバの証人の信者の間では、無輸血で手術をしてくれる医師を紹介するネットワークがあります。そこでAさんもこのネットワークを頼り、そこで紹介された東京大学医科学研究所附属病院の医師Bに手術を託すことにしました。

信者に内緒で輸血をした病院の医療行為は違法？

この病院では、患者が輸血を拒否している場合、その意思をできる限り尊重するものの、輸血以外に救命手段がない事態に至った際には、患者やその家族が反対しても輸血する方針を取っていました。

ただ、この方針について、Aさんやその家族（夫と子ども）に説明しませんでした。そして、Aさんの場合も手術で輸血が必要な事態となり実行。手術は無事成功したものの、その事実を知ったAさんは、国と病院に対して損害賠償請求の訴えを起こしました。

結果、最高裁は、輸血拒否は憲法13条などで保障される**人格権**のひとつとして尊重されるべきと判断し、**病院側の医療行為を違法**としました。

◎ 輸血拒否は人格権として認められる？

事件のあらまし

- エホバの証人の信者であるAさんは、宗教上の信念により、輸血を拒否

- 病院側はAさんの意思を尊重。しかし、手術当日、輸血せざるを得ない事態になり、輸血を実行

- 手術は無事成功したが、輸血の事実は、当初内緒にしていた。しかし、その事実を知ったAさんが、病院側に対して損害賠償請求を起こす

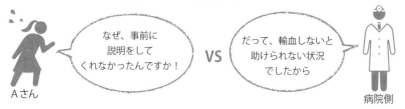

なぜ、事前に説明をしてくれなかったんですか！

VS

だって、輸血しないと助けられない状況でしたから

Aさん

病院側

最高裁判所の判断

- 患者が輸血を受けることは自己の宗教上の信念に反するとして、輸血を伴う医療行為を拒否

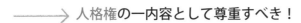 人格権の一内容として尊重すべき！

人格権 とは、人間らしく生きるために認められる権利のこと

- 輸血について病院側がAさんに説明しなかったのは違法

チェックポイント

エホバの証人輸血拒否事件での判例の趣旨

①宗教上の教義によって輸血を拒否することは尊重すべき
②病院が、輸血の可能性を説明せず、手術を受けるかどうかを選択する機会を奪ったのは違法

08 博多駅事件
（最高裁昭和44年11月26日大法廷決定）

公正な裁判の実現のために、「取材の自由」が
ある程度制約されることもあります

取材フィルムの提出は「表現の自由」に反するか

　1968（昭和43）年、長崎県の佐世保港にアメリカの原子力空母、エンタープライズが寄港することになりました。この寄港に対する反対運動の一環として、福岡県の博多駅周辺で学生のデモが行われ、その際、デモに参加した学生と機動隊とが衝突。多くの逮捕者を出しました。

　この事件を審理することになった福岡地方裁判所（以下、地裁）は、その模様を取材していたテレビ局各社に対して取材フィルムの提出を命じました。

　それに対して、テレビ局各社はこの提出命令は**憲法21条**が保障する**表現の自由**に反するとして福岡高等裁判所（以下、高裁）に**抗告**（下級裁判所の決定や命令に対して不服申立てをすること）。それが認められなかったため、最高裁に**特別抗告**（通常の不服申立てが認められない決定や命令について、憲法違反を理由とする場合に限って認められている最高裁への不服申立てのこと）が行われました。

報道＆取材での、「表現の自由」が及ぶ範囲は？

　テレビ局側は、「表現の自由の一環として、**報道の自由**や**取材の自由**が保障されている。なので、裁判所による取材フィルムの提出命令は憲法21条違反だ」と主張しました。

　それに対し、最高裁はどう判断したのでしょうか。

　結論としては、**報道の自由については、憲法21条で保障されていると判断**されました。一方、**取材の自由については、憲法21条の精神に照らし、十分尊重に値する**とし、「保障される」とはされませんでした。

　その結果、裁判所によるテレビ局各社への取材フィルムの提出命令は、憲法21条違反ではないとされました。

「報道の自由」と「取材の自由」は憲法で保障されている？

1 合格をかなえる勉強法

2 憲法

3 行政法

4 民法

5 基礎法学

6 一般知識・商法・会社法

憲法21条1項

集会、結社及び言論、出版その他一切の表現の自由は、これを保障する

ニュースを報道するときは、下の❶❷のステップを踏んでいくが……

❶ 取材する ………「取材の自由」は、憲法21条で保障される？

⬇

❷ 報道する ………「報道の自由」は、憲法21条で保障される？

---- **最高裁判所の判断** ------------------------------

報道の自由 ➤ 憲法21条で保障される

≪理由≫
民主主義社会では、国民が国政のあり方について
さまざまな判断をする際、報道がそのための重要
な情報を提供する役割を担うから

取材の自由 ➤ 憲法21条の精神に照らし、十分尊重に値する

「保障する」とはしていない

「報道の自由」と「取材の自由」で
判断が分かれる点に注目です！

📖✏ **チェックポイント**

報道の自由は憲法で保障。では、取材の自由は？

①報道の自由は、憲法21条1項で保障されている
②取材の自由は、憲法21条1項の精神に照らし、十分尊重に値す
　る（つまり、保障まではされていない）

判例⑦

税関検査事件
（最高裁昭和59年12月12日大法廷判決）

憲法で禁止されている「検閲」。最高裁が示した
その「定義」を押さえておきましょう

重要度 ★★★

税関検査による輸入禁止は、検閲だ！

　Bさんは、スウェーデンの商社から8ミリフィルムや写真集を輸入しようと思い、郵送してもらいました。すると、札幌税関は、この8ミリフィルムや写真集の内容が公序良俗を害するわいせつなものであるとし、輸入禁制品に当たると判断。その旨をBさんに通知しました。

　ところが、Bさんは納得がいきません。そこで、この通知の取消しを求めて裁判を起こします。

　そして、その裁判の中でBさんは、税関が輸入禁制品かどうかを判断する税関検査は、憲法21条2項前段が禁止している検閲に当たると主張しました。

検閲って、具体的に何をすることを指すの？

　憲法21条2項前段には「検閲は、これをしてはならない」と書かれています。どうやら日本では、検閲は絶対やってはいけないことのようです。

　それはわかるのですが、そもそも「検閲」って、誰が、何に対して、どういう目的で、何をすることを指すのでしょうか？　それについては、条文を読んでもまったくわかりませんよね。

　この事件の最高裁判決では、その検閲の定義が示されました。その具体的な内容については右ページの通りです。

　そして、この事件でテーマとなった**「税関検査」は検閲に当たらない**と、最高裁は判断しました。理由は、税関による輸入禁止は、その表現物を「**全部または一部の発表の禁止**」（右ページ表中の③）にすることを目的としたものではなく、またその表現物はすでに海外で発表済みのもので「**発表前**」（同⑤）に当たらないからです。

1 合格をかなえる勉強法

2 憲法

3 行政法

4 民法

5 基礎法学

6 一般知識・商法・会社法

◎ 税関検査による輸入禁止は「検閲」に当たるか

● 国家権力によって発表が禁止されることを事前抑制といい、
検閲は、事前抑制のひとつである

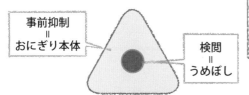

事前抑制
＝
おにぎり本体

検閲
＝
うめぼし

検閲は、左の図のように
「おにぎり」（事前抑制）の中にある
「うめぼし」のような位置づけです

最高裁判所の考える「検閲」とは

① 主体	行政権（裁判所は入らない）
② 対象	思想内容等の表現物 （本だけでなく、映像、彫刻、絵画なども含む）
③ 目的	全部または一部の発表の禁止 （上記を目的として活動している機関であることが必要）
④ 審査方法	表現物を網羅的に、一般的に
⑤ タイミング	発表前（日本以外の海外も含めて）
⑥ 何をする	不適当と認められる物の発表禁止

最高裁判所の判断

● 税関は、上の表の③（表現物の全部または一部の発表の禁止）のみを目的として活動
しているわけではなく、またこの事件の８ミリフィルムや写真集はスウェーデンで販
売されていたので、⑤（発表前）に当たらない

⬇

この件での税関検査は「検閲」ではない

 チェックポイント

最高裁が示した「検閲」の定義

①検閲は憲法上、絶対に禁止

②検閲の定義を、「主体・対象・目的・審査方法・タイミング・何
をする」の６つに分けて、思い出せるようにしておこう

薬局距離制限事件
（最高裁昭和50年4月30日大法廷判決）

職業選択の自由は、消極目的と積極目的により
規制されることもあります

薬局の適正配置条件って？

　ドラッグストアが隣り合って営業しているという光景は、今では珍しくありませんよね。でも以前は、薬局を新規開設するにあたり、**適正配置**が許可条件となっていて、隣り合って営業なんてあり得なかったんですよ。

　広島県で薬局を開こうとしたC社も、この適正配置条件に引っかかって、知事から許可がもらえませんでした。

薬局の適正配置ルールは、本当に必要？

　憲法22条1項では職業選択の自由が保障されています。「知事の許可がなければ、薬局を開くことができない」というのは、それに対する制限のひとつです。じつは、こうした職業選択の自由に対する制限は、いろいろな目的で行われています。

　その目的は、大きく消極目的規制と積極目的規制の2つに分類できます。

　前者は、**国民の生命、および健康に対する危険を防止**するための規制であり、後者は、**社会的・経済的弱者を保護**するための規制です。

　このケースでの最高裁の判例では、薬局開設の許可に際して条件となる**適正配置は、消極目的規制だと判断**されました。

　つまり、薬局が近くにいくつもあると競争が激化し、店がつぶれないように、変な薬を売る店も出てくる危険性がある。そうなると人々の生命および健康に害を及ぼしかねない、というわけです。

　最高裁は、こうした危険性を回避するには、薬の販売方法などについてのルールをつくればよく、**適正配置条件は必要かつ合理的な規制といえず、憲法違反**であると判断しました。

◎ 薬局の適正配置条件への最高裁の判断は？

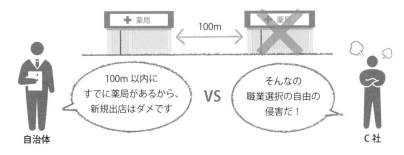

100m以内に
すでに薬局があるから、
新規出店はダメです

VS

そんなの
職業選択の自由の
侵害だ！

自治体

C社

--- 最高裁判所の判断 ---------------------------------

● 薬局の適正配置条件は、憲法22条1項（職業選択の自由）に対する消極目的規制である

● 近くに薬局がいくつかあると、競争が激しくなり、競争に負けた薬局の経営が悪化する。その結果、店がつぶれないようにと、変な薬を売ったり、必要以上にたくさんの薬を売りつけたりなど、買った人の生命および健康に対する危険が生じる恐れがある

● しかし、出店を規制しなくても、薬の販売方法などのルールをつくればよいのでは？

→**適正配置条件は、消極目的を達成するために必要かつ合理的な規制とはいえず、適正配置条件を定めた薬事法の規定は憲法違反である**

距離制限をかけるより
販売方法のルールを決めるといった
よりゆるやかな規制で十分に
利用者の健康被害を防ぐことができますよね

✏ チェックポイント

薬局の距離制限は憲法違反？

①薬局の距離制限規定は、消極目的での規制である
②距離制限は、消極目的を達成するために必要かつ合理的な規制ではないので、憲法違反である

1 合格をかなえる勉強法

2 憲法

3 行政法

4 民法

5 基礎法学

6 一般知識・商法・会社法

朝日訴訟
（最高裁昭和42年5月24日大法廷判決）

憲法が保障する「生存権」は、
「具体的な権利」であるかが問われた裁判です

月600円で「健康で文化的な生活」は営めるか？

1937（昭和12）年に結核になった朝日茂さんは、1942（昭和17）年から国立岡山療養所に入所。仕事ができる状態ではなかったこともあり、日用品費として月600円の生活扶助と医療扶助を生活保護として受けていました。

その後、1956（昭和31）年7月からは実の兄が、月1,500円の仕送りをしてくれることになるのですが、それに伴い、月600円の生活扶助が打切りに。医療費も一部自己負担（月900円）となり、結局、朝日さんの手元には月600円しか残りませんでした。

このような変更決定に対して、朝日さんは、**憲法25条1項**が保障する「健康で文化的な最低限度の生活」を営めないと不服申立てを行い、その後、東京地裁に取消訴訟を起こしました。

朝日さんの死亡で、裁判は打切りに

厚生労働省等のデータを見ると、昭和30年代の平均賃金は月2万円前後です。一方、日用品費とはいえ朝日さんの手元に残るのは月600円でした。

さらに、病状が日に日に悪化していた朝日さんには、医療扶助がカバーする病院食では栄養が足りず、生卵を飲むといった栄養補給を必要としていました。当時の卵はMサイズが1キロ当たり227円（出典：ホクレン酪農畜産事業本部「鶏卵の知識と品質管理」）。1個60グラムとすれば、毎日1個飲むと1カ月で400円強くらいかかります。そのため、朝日さんは月1,000円の生活扶助を求めていましたが、この金額はたしかに妥当なラインです。

東京地裁では朝日さんの主張が認められたものの、東京高裁では敗訴。**それを不服として、1963（昭和38）年に最高裁に上告**しますが、その翌年、朝日さんは亡くなり、その後、訴訟の打切りが宣言されました。

◎ 憲法の「生存権」は、具体的な権利を保障しているのか？

≪日用品費 月600円で
1年間を過ごして買えたのは？≫（昭和30年代当時）

・肌着は、2年で1着
・パンツは、1年で1枚
・タオルは、1年で2枚
・足袋は、1年で1足

> 憲法25条1項が定める
> 「健康で文化的な最低限度の生活」
> を維持するのに足りないのでは？

- - - **最高裁判所の判断** -

● 憲法25条1項は、直接具体的な権利を保障していない

朝日さん

> 私の生活を
> 保障して
> ください

> 具体的な
> 法律がないと
> 無理です

国

● この場合、具体的な権利は生活保護法によって与えられ、何が「健康で文化的な
最低限度の生活」かは、厚生大臣の裁量（現・厚生労働大臣）に委ねられる

朝日さん

> 生活保護法は
> あるけど、月600円は
> 低すぎます

> 厚生大臣の判断を
> 尊重すべき

最高裁

● 現実の生活条件を無視して、著しく低い基準を設定するなど、
憲法と生活保護法の趣旨・目的に反している場合、違法となることも

> 朝日さんは1964年に亡くなったため、
> 1967（昭和42）年に出された判決では、訴訟の打切りが宣言され、
> 裁判は終わっています

📖✒ **チェックポイント**

朝日訴訟での判例の趣旨

①憲法25条1項（生存権）は、具体的な権利を保障した規定ではな
く、生活保護法によって保障されている
②保障の具体的内容は、厚生大臣（当時）の裁量に委ねられている

1 合格をかなえる勉強法
2 憲法
3 行政法
4 民法
5 基礎法学
6 一般知識・商法・会社法

判例⑩

重要度 ★★☆

12 旭川学テ事件
（最高裁昭和51年5月21日大法廷判決）

「教育内容の決定権は誰にあるのか」などが
争われた裁判です

「学テ」は違法か、それとも適法か？

1960年代、文部省（現・文部科学省）は「全国中学校一斉学力調査」（略して「学テ」と呼ばれていました）を行いました。

教育現場では、この学テに対する反発が強く、実施を取りやめる学校も多かったといいます。北海道・旭川市立永山中学校でも教職員が大反発。学テ当日、実施をやめさせようと学校に乗り込んだ教職員と、それを阻止しようとする校長との間でもみ合いになりました。

その結果、教職員らは建造物侵入罪や公務執行妨害罪などで逮捕、起訴。その後、札幌地裁、札幌高裁ともに、学テは違法と判断し、公務執行妨害罪の成立を否定。一方、建造物侵入罪の成立は肯定し、罰金刑や執行猶予つきの懲役刑を言い渡します。

これに対して検察側、被告人側双方が最高裁へ上告。その結果、最高裁は学テを適法と判断し、教職員たちの公務執行妨害罪の成立も認めました。

教師に「完全な教授の自由」があるわけではない

この裁判の中で争点になった点はいろいろあります。そのひとつが、「**教育内容の決定権は、親や教師といった国民側と国家側の、どちらが持っているのか？**」。そのほか、「**中学校での教師の教育の自由は、どこまで認められるのか？**」も争点となりました。

前者についての**最高裁の判断は、「両方です」**。つまり、国民側にも国家側にも決定権がある、というものでした（右ページ参照）。教師の教育の自由については、「一定の範囲内で教授の自由はある」としたものの、「**完全な教授の自由は許されない**」としました。その結果、学テは憲法26条1項の保障する教育を受ける権利に反するものではなく、合憲としたのです。

◎「教育内容の決定権」は誰にある？（最高裁判所の判断）

● 「教育内容の決定権」は、
　国民側（親や教師など）と
　国家側の両方にある

両方です！

最高裁

❶ 親	学校外の教育や学校選択の自由がある
❷ 教師	一定の範囲で教授の自由がある （大学における教授の自由よりは限定的）
❸ 国	必要かつ相当と認められる範囲で決定できる （ただし、できるだけ抑制的であるべき）

最高裁は、教育内容の決定権が誰にあるのかよりも
子どもの学習する権利をきちんと実現してあげる
ことが大切だと考えています

【問題】

次の記述のうち、最高裁判所の判例に照らし、誤っているものはどれか。

（2008年　問4）

1.　憲法25条の規定の趣旨にこたえて具体的にどのような立法措置を講じるかの選択決定は、立法府の広い裁量にゆだねられている。

2.　国は、子ども自身の利益のため、あるいは子どもの成長に対する社会公共の利益と関心にこたえるために、必要かつ相当な範囲で教育の内容について決定する権能を有する。

（両肢は正しい）

チェックポイント

「教育内容の決定権」を最高裁はどう判断？

①国民（親や教師）と国家の双方に、教育内容の決定権がある
②国はできる限り抑制的であるべきだ

1 合格をかなえる勉強法
2 憲法
3 行政法
4 民法
5 基礎法学
6 一般知識・商法・会社法

13 統治① 国会とは、全国民の 代表機関である

国会の衆議院と参議院の各議員には
全国民のために活動する役割があります

あなたの「国会議員」のイメージは？

みなさんは、国会議員というと、どんなイメージを持っていますか？

「なんかエラそう」

「秘書を罵倒してそう」

「総理大臣のヨイショばかりしている」

「選挙のときだけペコペコしている」

「国会で居眠りばかりしている」

「やたらプラカードを掲げている」

こんな具合に、あんまりよくないイメージを持っている人のほうが多いかもしれませんね。

国会議員は地元ではなく、全国民のために活動すべき

「国会議員」とは、全国民の代表です。

このことは、憲法でも定められています。43条1項の「**両議院は、全国民を代表する選挙された議員でこれを組織する**」という条文です。

国会議員の中には「地元の代表」という意識が強い人もいるかもしれません。しかし、いったん選ばれた以上、国会議員は「全国民の代表」なのです。

このことは、国会議員は地元の有権者の声に縛られることなく、すべての国民を代表する立場で、全国民のために活動すべきだということですね。

また、この条文にある「両議院」とは、衆議院と参議院のことです。

国会は、この2つの院で構成されています。これを二院制といいます。それぞれの定数も、憲法43条2項で「法律でこれを定める」とされています。

そして国会議員は全員、有権者の直接投票によって選ばれます。

◎ 衆議院と参議院を比較すると…

	衆議院	参議院
定数	465 人	248 人
選挙方法	・小選挙区 ・比例代表並立制	・選挙区 ・比例代表並立制
被選挙権	25 歳以上の日本国民	30 歳以上の日本国民
任期	4 年・解散あり	・6 年・解散なし ・3 年ごとに半数ずつ改選

◎ 通常国会・臨時国会・特別国会を比べてみよう

	常会（通常国会）	臨時会（臨時国会）	特別会（特別国会）
内容	毎年 1 回 1 月中に召集	① 内閣の判断で召集 ② いずれかの議院の総議員の 4 分の1以上の要求 ③ 衆議院の任期満了に伴う総選挙や参議院通常選挙が行われたとき	衆議院の解散に伴う総選挙があった日から 30 日以内に召集
会期	150 日間	召集日に両議院の一致で決定	召集日に両議院の一致で決定
延長	1 回のみ可能	2 回まで可能	2 回まで可能

📖✏️ チェックポイント

「国会議員」については、ここを押さえよう！

①いったん選ばれたらあくまでも「全国民」の代表として活動すべき
②衆議院と参議院の選挙制度の違いや会期についても知っておく

1 合格をかなえる勉強法
2 憲法
3 行政法
4 民法
5 基礎法学
6 一般知識・商法・会社法

議員に認められている特権とは？

歳費受領権、不逮捕特権、免責特権などが
認められています

「不逮捕特権」って何やっても逮捕されないの？

国会議員にはいろいろな**特権**が認められています。

その理由は、議員としての活動を政府側に妨害されないためや、きちんとした収入を確保させることで、安心して議員活動に専念できるようにするためなどです。

議員の特権のひとつに、**不逮捕特権（憲法50条）**があります。

近代以前の時代、王様が議会の活動を妨害するため、自分に批判的な議員を片っ端から逮捕することがありました。そうした事態を防止するために、近代になってこの特権が認められるようになりました。

ただし、「不逮捕」といっても、「何をやっても逮捕されない」というわけではありません。

まず、**この特権が認められるのは、国会が開かれているとき（会期といいます）だけ**です。そして、たとえ会期中であっても、現行犯罪で取り押さえられた場合は、そのまま逮捕されます。

また、議員は、その議員が属する院（衆議院、参議院）が法務大臣からの逮捕許諾請求を受けた場合に、それを許諾すれば、逮捕されます。

会期前に逮捕しちゃえばいいのでは？

会期前に逮捕されていた議員がいた場合、その議員が属する院（衆議院、参議院）から釈放要求が出されると不逮捕特権が認められ、会期中は釈放しなければいけません。

なぜかといと、これを認めておかないと、政府に反対する議員を会期前に逮捕すれば、その議員が属する議院の活動を妨害できることになってしまうからです。

◎ 国会議員の特権

歳費受領権 **（憲法 49 条）**	国庫から相当額の歳費（**国会議員の報酬**）を受けられる 【理由】 国会議員になるために、収入要件は要求されない。そのため、きちんとした収入を確保させる必要があることから、認められている
不逮捕特権 **（憲法 50 条）**	① **国会の会期中は逮捕されない** ② **会期前に逮捕された議員は、議院の要求があれば、会期中は釈放される** 【理由】 政府が国会の活動を妨害するのを防止するため **例外** ① 会期中でも、現行犯罪で取り押さえられたときは、逮捕される ② 法務大臣からの逮捕許諾請求を受けて、その議員が属する議院が許諾したときは、逮捕される
免責特権 **（憲法 51 条）**	議院で行った演説、討論、または表決について、**責任を問われない** 【理由】 国会議員として発言するときに、刑事責任が問われたり、誰かほかの人から損害賠償請求をされてしまったり（民事責任）するのでは、安心して国会の活動に専念できないため **例外** 大臣の資格に基づく演説等は、この特権の対象から外される

 チェックポイント

「議員の特権」で覚えるべきことは？

①歳費受領権、不逮捕特権、免責特権の３つがあることを覚える
②不逮捕特権、免責特権の例外を覚える

1 合格をかなえる勉強法
2 憲法
3 行政法
4 民法
5 基礎法学
6 一般知識・商法・会社法

15 統治❸

法律って、どうやって
成立しているの？

重要度 ★★☆

衆議院・参議院とも、
出席議員の過半数の賛成を得て可決されます

国会はいろいろな案件を審議している

　国会は、いつもひとつの案件ばかりを審議していると思っている人も少なくないようです。実際、ニュースなどでは、注目を集める案件の審議ばかりを報道するので、国民にそう思わせてしまうのかもしれません。

　しかし、実際にはそうではありません。**唯一の立法機関**である国会（**憲法41条**）は、つねにいろいろな案件を審議し、さまざまな法律を成立させているのです。

衆議院で可決→参議院で可決で、法律は成立する

　法律案は通常、まず**委員会**で審査されます。委員会には、つねに設置されている**常任委員会**と、特別な問題を扱う場合に設置される**特別委員会**とがあります。たとえば、衆議院と参議院には、それぞれ17の常任委員会（右ページ参照）が置かれ、これらが同時並行的に開催され、そこでいろいろな重要法案が審査されているのです。

　ここで「民法の改正」を例に、法律が成立するまでの流れを解説します。

　衆議院の常任委員会である**法務委員会**で民法の改正法案を審査して、そこでいったん**出席委員の過半数の賛成を得て可決**された場合、その法案は衆議院の本会議に送られます。そこで審査した後、**出席議員の過半数の賛成を得て可決**されると、参議院に送られます。

　参議院にも法務委員会が置かれていますので、そこでも同じように審査が行われ、**出席委員の過半数の賛成を得て可決**されると、参議院の本会議に送られます。

　参議院本会議で**出席議員の過半数の賛成を得て可決**されれば、民法改正法案は無事成立となるわけです。

◎ 衆議院と参議院に設置されている常任委員会

衆議院	参議院
内閣委員会	内閣委員会
総務委員会	総務委員会
法務委員会	法務委員会
外務委員会	外交防衛委員会
財務金融委員会	財政金融委員会
文部科学委員会	文教科学委員会
厚生労働委員会	厚生労働委員会
農林水産委員会	農林水産委員会
経済産業委員会	経済産業委員会
国土交通委員会	国土交通委員会
環境委員会	環境委員会
安全保障委員会	国家基本政策委員会
国家基本政策委員会	予算委員会
予算委員会	決算委員会
決算行政監視委員会	行政監視委員会
議院運営委員会	議院運営委員会
懲罰委員会	懲罰委員会

よく見ると、名称が
衆議院と参議院とで
異なるものが
いくつかありますね

◎ 国会で法律が成立するまで

【例】 民法の改正

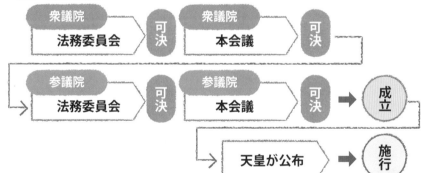

衆議院 法務委員会 → 可決 → 衆議院 本会議 → 可決 → 参議院 法務委員会 → 可決 → 参議院 本会議 → 可決 → 成立

天皇が公布 → 施行

チェックポイント

法案は両院とも、委員会→本会議で審査・審議される

①衆議院・参議院とも、複数の委員会で同時にいろいろな法案が審査されている

②衆議院と参議院の本会議でそれぞれ可決されると、法律は成立する

1 合格をかなえる勉強法
2 憲法
3 行政法
4 民法
5 基礎法学
6 一般知識・商法・会社法

16 統治④ 重要度 ★★★

国会と議院は、どう違う？

両者は「別物」で、
それぞれに権能を持っています

国会・議院の権能とは？

「野党が〇〇氏の証人喚問を要求したが、与党側が拒否した」といったニュースを耳にしたことがあると思います。2018年に、「森友学園問題」でも証人喚問が行われ、ニュース等で大きく報道されましたね。

この証人喚問は、衆議院や参議院が独自の立場で行うものです。こういった衆議院や参議院の機能のことを**国政調査権**といいます（**憲法62条**）。

国会と議院は「同じもの」と捉えがちですが、じつは「別物」です。なぜなら、国会は衆議院と参議院とで構成されているからです。

そして、別物ですからそれぞれに役割があります（これを**権能**といいます）。前述したように国政調査権は議院の権能です。そのほかの議院の権能には、**議院の規則を制定する**、**議員を懲罰する**などがあります。一方、国会の権能には、**法律の制定**や**条約の承認**などがあります（右ページ参照）。

国政調査権には罰則がある

ここで証人喚問に話を戻すと、これは実際には、本会議ではなく各委員会において証人の出頭、そして証言を求めます。また記録の提出も要求できます。

さらに、この要求に対して、証人が正当な理由もないのに出頭を拒んだり、出頭しても証言を拒んだり、記録の提出を拒んだりした場合、**罰則の適用**があります（**議院証言法**という法律に規定されています）。

具体的には「**1年以下の禁錮又は10万円以下の罰金**」（議院証言法7条1項）の対象だということです。また、証言に際してウソをついた場合は、「**3カ月以上10年以下の懲役**」（議院証言法6条1項）の対象になります。こうした刑罰を科すことで、国政調査権の実効性を高めようとしているのです。

◎ 国会と議院の権能

国会の権能

❶ **法律** の制定・改廃（憲法59条）

❷ 条約の承認（憲法61条）

❸ **弾劾裁判所** の設置（憲法64条）

❹ 内閣総理大臣の指名（憲法67条）

❺ 予算の議決、財政の議決や監督（憲法86条、83条等）

❻ 憲法改正の発議（憲法96条）

議院の権能

❶ 会期前に逮捕された議員の釈放要求（憲法50条）

❷ 議員の資格争訟の裁判（憲法55条）

❸ 秘密会の開催（憲法57条1項）

❹ 議長その他の役員の選任（憲法58条1項）

❺ 議院規則の制定　（憲法58条2項）

❻ 議員の懲罰（憲法58条2項）

❼ 国政調査権　（憲法62条）

❽ 国務大臣の出席要求（憲法63条）

国会と議院の
それぞれの権能を
しっかり区別して
おきましょう！

チェックポイント

国会と議院とは「別物」である

①衆議院・参議院とも、単独では国会ではない
②国政調査権は「議院」の権能、弾劾裁判所は「国会」の権能である

1 合格をかなえる勉強法
2 憲法
3 行政法
4 民法
5 基礎法学
6 一般知識・商法・会社法

17

議院内閣制とは？

重要度 ★★☆

内閣と国会が協力、かつお互いを
チェックし合うシステムのことです

内閣と国会の関係

大臣が国会の審議に参加して国会議員の質問に答えている場面を、ニュースや国会中継で見たことがある人も多いかと思います。

内閣と国会は別の組織なのに、なんだかいつも一緒に活動しているような印象を持っている人もいるかもしれませんね。

内閣は、**三権**（立法権・行政権・司法権）の中の**行政権**を担っています（憲法65条）。

そのリーダーである**内閣総理大臣**は、**国会議員の中から国会が指名**することになっています（憲法67条1項）。有権者（国民）の選挙で選ばれるアメリカの大統領とは、その選び方が違いますね。

そして、内閣は内閣総理大臣と国務大臣によって構成されていて、**国務大臣のメンバーの過半数は国会議員**でなければいけません（憲法68条1項）。

また、内閣は衆議院と参議院に対して、連帯して責任を負っています（憲法66条3項）。そのため各大臣は国会での審議に出席し発言することができるのです（憲法63条）。

さらに、衆議院で**内閣不信任決議**が可決されると、**内閣は総辞職するか、衆議院を解散するか**の選択を迫られます（憲法69条）。

日本は議院内閣制を取っている

このように日本においては、行政府である内閣と、立法府である国会とが協力しつつ、お互いをチェックするという関係をつくっています。

こういったシステムを、**議院内閣制**といいます。

議院内閣制の国というと、イギリスを思い浮かべる人が多いかと思いますが、日本国憲法も議院内閣制を取っているのです。

◎ アメリカの大統領制と日本の議院内閣制を比較してみると…

	🇺🇸 アメリカの大統領制	● 日本の議院内閣制
行政のトップ	大統領	内閣総理大臣
議会と政府の関係	議会は、大統領の不信任決議ができない 大統領には、議会を解散する権限がない	衆議院は、内閣不信任決議をすることができる 内閣の判断で、衆議院を解散できる
トップの選び方	大統領は、有権者の選挙によって選ばれる	内閣総理大臣は、国会の指名議決を受けたうえで、天皇に任命される
任期	大統領の任期は、4年で、2期までしかできない	内閣総理大臣には、任期がない

◎ 内閣の主な機能

❶ 法律を誠実に執行し、国務を総理すること

❷ 外交関係を処理すること

❸ 条約を締結すること（事前、または事後に国会の承認が必要）

❹ 官吏に関する事務を掌理する（取りまとめる）こと

❺ 予算を作成して、国会に提出すること

❻ 政令を制定すること

❼ 大赦、特赦、減刑、刑の執行の免除および復権を決定すること

📖✍ チェックポイント

議院内閣制の特徴とは？

①議院内閣制は、国会と内閣がチェック＆バランスを働かせる制度である
②日本の内閣総理大臣は、国会の指名議決を受けたうえで、天皇が任命する

1 合格をかなえる勉強法
2 憲法
3 行政法
4 民法
5 基礎法学
6 一般知識・商法・会社法

18 裁判所が得意なこと、不得意なこと

重要度 ★★★

裁判所が得意なのは、法律で解決できる
具体的な権利義務に関するトラブルです

「不合格はおかしいから、裁判で争うぞ！」は可能か？

「行政書士試験を受けたら、不合格になった！ これはおかしい!!」

もしあなたがそう思ったとき、何をすべきでしょうか？

通常は、「次はもっときちんと勉強しよう」とか、「横溝先生の講義を受けよう」とか、そんなことを思うはずですが、中には「裁判で争う」という選択をする人もいるかもしれません。

では、「不合格になったのは不服だ！」として、本当に裁判で争うことはできるでしょうか？

裁判所が得意な分野とは？

裁判所は、たしかにさまざまなトラブルを解決する機能を持っています。だからといって、「どんなトラブルでもいい」というわけではありません。

裁判所にも得意、不得意があるのです。

では、どんなトラブルなら得意なのでしょうか？

裁判所が得意なのは、**具体的に権利義務に関するトラブルが起きていて、そのトラブルを法律を使って最終解決できるような案件**です。

これこそが、まさに**裁判所案件**です。

つまり、いくら具体的なトラブルがあっても、「法律を使って解決できない」ような案件は、裁判所が得意な案件ではないのです。

そもそも試験の合否判定は、受験者の解答にどれだけ正解があるか、さらにそれが合格基準を満たしているかで決まるものです。これって、法律を使って解決することでしょうか？

そうです。法律で解決するタイプの案件ではないですよね。

なので、裁判で争うことはできません。やはり勉強あるのみなのです！

◎ 裁判所で扱うことができない案件とは？

✕ 具体的な権利義務に関するトラブルがない案件

この法律は
憲法違反だ！

具体的な権利義務に
関するトラブルがないので、
扱えません

裁判所

たとえば

警察予備隊訴訟
（最高裁昭和 27 年 10 月 8 日判決）

警察予備隊令が憲法 9 条違反
であると争った

✕ 法律で解決できない案件

不合格なのは
おかしい！

それは、法律で
解決できないので、
扱えません

裁判所

たとえば

技術士試験事件
（最高裁昭和 41 年 2 月 8 日判決）

国家試験の合否判定について
争った

✕ 宗教上の教義の是非に関する案件

このご本尊は
ニセモノだ！

宗教上の
教義の是非は、
法律を使って
判断できません

裁判所

たとえば

板まんだら事件
（最高裁昭和 56 年 4 月 7 日判決）

ご本尊とされた「板まんだら」が
ニセモノだとして、創価学会に対
して寄付金の返還を求めて争った

📖✏ チェックポイント

裁判所が扱うことができる案件とは？

①具体的に権利義務に関するトラブルが起きていること
②そのトラブルが、法律を使って解決可能なこと

1 合格をかなえる勉強法
2 憲法
3 行政法
4 民法
5 基礎法学
6 一般知識・商法・会社法

重要度 ★★☆

憲法は、どうやって改正する？

国会で発議されたのち、国民投票を経て
天皇により国民の名で公布されます

憲法改正の手続きは、ほかの法律の改正と異なる？

日本国憲法は 1947（昭和 22）年 5 月 3 日に施行されて以来、**今日まで一度も改正されたことがありません**。

民法や刑法のような法律の改正は、衆議院と参議院でそれぞれ改正法案を可決すれば成立します。では、日本国憲法の改正手続きは、憲法上どうなっているのでしょうか？

憲法 96 条に示された具体的な改正手続き

じつは、改正に関する手続きについては、憲法の中で規定されています。憲法 96 条です。それによると、まず衆議院と参議院のそれぞれ**総議員の 3 分の 2 以上の賛成**をもって、憲法改正の発議（提案のこと）を行います。これにより、憲法改正案が国民に提示されることになります。

その後、国民投票を行い、そこで**過半数の賛成が得られたら改正は成立**です。成立したら**天皇が国民の名で直ちに公布**します。

ちなみに国民投票は、**独自の投票を実施するか、国会で定めた国政選挙の際にあわせて国民投票を実施するか**を選ぶことができます。

国民投票のルールは**日本国憲法の改正手続に関する法律**が 2007（平成 19）年に成立していますので、それに従うことになります。

国民投票は、国会が発議した日から 60 日から 180 日以内で、国会が議決した日を投票日として行われます。投票は満 18 歳以上の日本国民に認められます。

投票日までは選挙運動にあたる国民投票運動が行われます。この運動には規制がほとんどありませんので、戸別訪問など選挙運動で禁止されている活動もできます。ただし、裁判官や検察官、警察官は活動が禁止されています。

◎ 憲法改正の流れ

衆議院	国会	参議院
総議員の 2/3以上の賛成		総議員の 2/3以上の賛成

国会が憲法改正を発議

国民投票

独自の方法、もしくは国会で定めた国政選挙の際にあわせて実施
過半数の賛成

成立

天皇が国民の名で直ちに公布

投票は満18歳以上の
日本国民に認められています

📖✏ チェックポイント

憲法を改正するには？

①衆参両院それぞれの総議員の3分の2以上の賛成で、国民に発議
する
②国民投票で過半数の賛成が得られれば成立し、天皇が国民の名で
公布する

1 合格をかなえる勉強法
2 憲法
3 行政法
4 民法
5 基礎法学
6 一般知識・商法・会社法

「思い出せるか」を 2週に1回、チェックしよう！

「暗記が苦手なんです。そんな私でも合格できるでしょうか？」という質問をしばしば受けます。それに対して、「最終的に、本試験で問われるであろう内容を思い出せなければ、絶対に合格はできません」と答えることにしています。

ただし、丸暗記をするのは危険です。丸暗記をすると、試験会場で頭が真っ白になった瞬間に、記憶がすべて飛びます。飛んだら最後、二度と思い出すことはできないでしょう。

そこで、丸暗記とならないように覚えるには、思い出すべき内容に「意味づけ」を行いながら記憶していくことです。

その際、「なぜ、そのような分類になっているのか？」「なぜ、そのような名称になっているのか？」など、「なぜ」を駆使して、関連する情報を付け足していきます。

また、思い出すべき内容をきちんと思い出せるかどうかも、2週に1回の頻度でチェックしましょう。日曜日にチェックする時間を確保しておけば、本試験当日もいつも通りチェックしてから試験に臨めます。この「いつも通り」というのが、本試験当日、自分の気持ちを落ち着かせるのには、非常に有効なのです。

そして、思い出せるかどうかのチェックをするときに、忘れずにやっておいてほしいことがあります。それは、思い出す際に間違えた場合、「どう間違えたのかを記録する」ということです。

この作業をすることで、あなたがどういった間違いをしやすいのかが確認できます。

確認できれば、意識もできます。意識できれば、行動が変わっていきますし、正確に思い出すための工夫も生まれます。

ぜひこれらを、日々の暗記の際に実践してみてください。

第 3 章

行政法

超メイン科目である行政法の勉強法を知り、
「行政法の世界」体験ツアーに出かけましょう！

行政法を「苦手科目」に
しないコツとは？

苦手克服のキーワードは、
「細分化・重要度・開き直り」！

出題数・配点比率ともダントツ

　行政書士試験に合格するためには、行政法を攻略することが何よりも重要です。「行政書士試験なんだから、行政法が重要なのは当然でしょう？」と言われてしまえば、そうなんですが（笑）。

　しかし、理由はそれだけではありません！

　択一式が法令等科目全40問中19問、多肢選択式全3問中2問、記述式全3問中1問と、**ダントツの出題数**を誇っています。

　しかも、出題数だけでなく、**配点比率も高い**のです。行政法の配点は合計で112点分あります。行政書士試験は300点満点ですから、約37％を占めていることになりますね。

受験生が直面する「三重苦」とは？

　このように、行政法は行政書士試験の合格を勝ち取るためには、避けて通ることのできない科目です。

　ただ、多くの受験生を悩ませる科目でもあります。

　その理由は、「範囲が広い」「覚えることが多い」「普段の生活になじみが薄い」という三重苦を背負わされることにあります。

　ここでは、これら三重苦の攻略方法について述べていきます。

範囲の広さは「細分化」で対応する

　「範囲が広い」と感じるのは、行政法を「ひとつの法律」だと思っているからです。じつは、行政法はいろいろな法律の集合体です。

　なので勉強を始めるにあたっては、まず**法律ごとに分けて、それぞれの特性を知る**ことからスタートしましょう（この作業はとても重要です！）。

◎ 行政法はこんなに大事！

1 総配点に占める割合が大きい

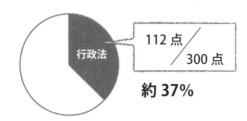

行政法

112 点 ／ 300 点

約 37%

2 法令等科目の（5 肢）択一式に占める割合が大きい

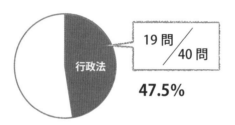

行政法

19 問 ／ 40 問

47.5%

3 すべての出題形式で出されているのは行政法だけ

（5 肢）択一式	19 問／ 40 問
多肢選択式	2 問／ 3 問
記述式	1 問／ 3 問

チェックポイント

行政書士試験での「行政法」の位置づけは？

①出題数が多く、配点も全科目の中で一番高い
②「範囲が広い」「覚えることが多い」「普段の生活になじみが薄い」
　という三重苦を背負っている

1 合格をかなえる勉強法

2 憲法

3 行政法

4 民法

5 基礎法学

6 一般知識・商法・会社法

なお、各法律で試験対策上のアプローチの方法が若干変わります。

たとえば、「行政手続法」は条文の学習が非常に重要です。また、全範囲から出題されますので、まんべんなく学習しておく必要があります。「地方自治法」の場合、試験対策上、重要な分野に絞って学習をする必要がありますが、行政手続法でそれをやったらエラいことになるわけです。

重要度の高い論点を優先的に学習する

次に、三重苦の2つ目、「覚えることが多い」についての攻略方法です。

行政法はそれぞれの法律において、覚えなければならないことが山ほどあります。それらを片っ端から丸暗記していこうというのは、無謀な挑戦です。では、どう対処すればいいのでしょうか？

行政法は過去に出された問題が再度出題される**リサイクル率**が非常に高い科目です。ですから、勉強の方向性を決めてくれるのは、テキストではなく、過去問だといっても過言ではありません。つまり、**過去問で繰り返し問われている論点は、やはり重要度が高いわけです。**

そこから優先的に思い出せるようにすることで、得点に結びつきやすい効率のよい学習ができます。

「解けるレベルでわかればいい」と開き直るのも重要！

三重苦の3つ目、「普段の生活になじみが薄い」ですが、なじみが薄いというのは、ある意味、仕方がないことです。誰かを訴えたり、逆に訴えられたりといったことを、日常で経験することはまれですからね。

なので、この際、ある程度割り切って、**「問題が解けるレベルでわかればいいや」**と開き直ってしまいましょう。

なお、「地方自治法」に関しては、時間を見つけて自分が住んでいる市町村のホームページをチェックしてみましょう。地方自治法の具体例に触れることができ、学んだ内容のイメージが湧きやすくなりますよ。

◎ 行政法の「三重苦」は、こうやって攻略する！

行政法

範囲は広いし
覚えることも多いし
どうしよう〜！

細分化を
しちゃいましょう！

行政法を
細分化すると…

・行政法総論
・行政手続法
・行政不服審査法
・行政事件訴訟法
・国家賠償法
・地方自治法

そして、
それぞれの法律の
特性を知ることから
始めましょう！

なるほど！
あっ、でもやっぱり、
なじみが薄いもの
ばかりだな……

これらになじみがある人は、
そんなにいません！
試験で問題が解けるかどうかを
重視しましょう！

 チェックポイント

三重苦は、こうやって克服する！

①過去問をベースに、論点を細分化して、優先順位の高い論点から
　勉強する
②なじみが薄い部分は「解けるレベルでわかればいい」と開き直る

1 合格をかなえる勉強法
2 憲法
3 行政法
4 民法
5 基礎法学
6 一般知識・商法・会社法

02 勉強法❷
出題形式ごとの対策を
どう立てる？

「過去問」を選択肢ごとに読み込むのが
出題形式共通、かつ最大の対策です

択一式は「出題パターン」を把握せよ

　ここでは、出題形式ごとの行政法の対策について見ていきます。

　択一式の5肢択一式問題は、過去に出された選択肢がそのまま、または形を変えて再度出題されることが多々あります。

　そのため、**出題パターンを把握していくことが大切です。**

　たとえば、「行政手続法」の場合、出題パターンが把握できれば、後はクイズみたいなものだといっていいでしょう。そこまでいかなくても、5肢択一式問題を含めた行政法の択一式問題の特徴として、**出題パターンを把握することで、解答の際、判断にかける時間を大幅に短縮**できます。

　では、どうやって出題パターンを把握するかですが、それには過去問を使います。

　具体的には、**過去問の選択肢を「すべて」読み込んでいくのです。**

記述式や多肢選択式も、やはり過去問です！

　こうした過去問の活用は、何も択一式の対策に限ったことではありません。というか、択一式でしか過去問を見ないなんて、もったいなさすぎます。

　過去問というのは、過去の試験に出された問題のすべてを指す言葉です。なので、多肢選択式や記述式の過去問にもしっかり目を通すようにしてください。

　実際、行政法は、択一式、多肢選択式、記述式の相互間での過去問の使いまわしがよく見られます。とくに**行政法の記述式は、過去に択一式や多肢選択式で問われたテーマからしか出されていません。**

　なので、過去問にしっかりと目を通すことは、最良の記述式対策にもなるのです。

1 合格をかなえる勉強法

2 憲法

3 行政法

4 民法

5 基礎法学

6 一般知識・商法・会社法

◎「出題パターン」のつかみ方

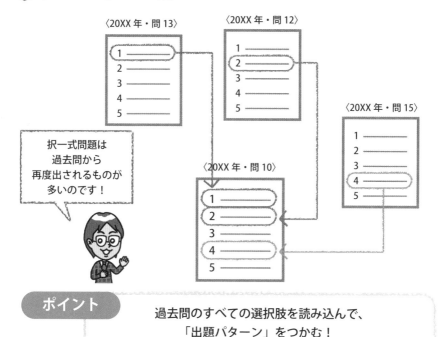

択一式問題は
過去問から
再度出されるものが
多いのです！

ポイント

過去問のすべての選択肢を読み込んで、
「出題パターン」をつかむ！

◎ テーマは「出題形式」間を循環する

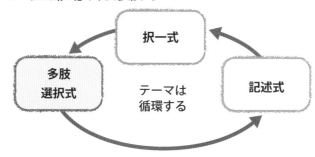

 チェックポイント

過去問の使い方①

①択一式は、選択肢単位で読み込み、出題パターンをつかもう
②択一式や多肢選択式、記述式の間で、出題テーマが循環する

「正解率が上昇すればいい」というわけではない

過去問を何度も解いていると、そのうちに答えを覚えてしまうものです。その結果、正解率はどんどん上昇していきます。

そりゃそうです。だって「答えを覚えている」のですから。

じつは、これはとても危険な状態だって知っていましたか？

なぜ、危険な状態なのか？

それは、**答えを覚えた状態で問題を見てしまうと、「考える」ことをやめてしまう**からです。

「答えありき」で問題を見てしまいますので、解きながら思考をどんどん正解に寄せていったり、正解が出るように理由づけを考えたりといった思考回路になってしまうのです。

これでは勉強しているとはいえませんね。

さらに問題なのが、こういった勉強をしていると、本番の試験問題で少し質問の仕方を変えられただけで、「見たことがない問題が出た！」とパニックになり、その結果、「過去問を勉強しても意味がない！」と言い出すことです。

しっかり考えながら過去問を解くには？

では、どうすれば、考えながら過去問を解くことができるのでしょうか。

それには、先ほど述べたように、過去問の選択肢をすべて読み込むことが有効です。

択一式の過去問の各選択肢をばらばらにして、一つひとつ勉強していきます。行政法の択一式問題は過去10年分なら190問ありますから、**190問×5肢＝950肢**（実際には空欄補充問題や読み取り型の問題も出ているので、もう少し少ないですが）を一つひとつ見ていくことになります。

これだけあると、「答えを覚えてしまう」という弊害はほとんどなくなります。そしてその代わり、選択肢ごとに、**「何が問われているのか？」「どこが間違っているのか？」「どう直せば正しい内容になるのか？」**といったことを、しっかり考えながら過去問に取り組めるようになるのです。

1 合格をかなえる勉強法
2 憲法
3 行政法
4 民法
5 基礎法学
6 一般知識・商法・会社法

◎「過去問」の使い方が、本試験での明暗を分ける

Aさんの場合

過去問が大事

10回、20回、繰り返し解こう！

ほとんどの問題を
正解できるようになったぞ！！

Bさんの場合

過去問が大事

選択肢ごとに見ていこう

出題パターンをしっかり把握するぞ！

この作業を、3回繰り返せば
十分だろう

さあ、本試験では…

Aさんは…

え～！
こんなの
知らないよう！！

Bさんは…

スラスラ～

あっ、
あのパターン
だな！

📖✏ チェックポイント

過去問の使い方②

①問題を繰り返し解けばよいわけではない
②「間違っているところはどこか？」「どう直せば正しい内容になる
　か？」などを考えながら読み込む

行政法の世界を支える 「大原則」を知ろう

国や地方自治体等の行政活動は
すべて国会のつくる「法律」に縛られています

「行政法の世界」体験ツアーのスタートです！

　あなたが学ぶことになる行政法の世界をめぐる体験ツアーへようこそ！

「えっ!?　急にどうしたんですか？」

　そう思ったあなた。ビックリしないでくださいね。

　実際の勉強に取りかかる前に、行政書士試験で学ぶ行政法の世界が、どのようなものなのかを知っておくのは悪いことではありません。

　そこで、行政法という分野には、どのような制度やどのようなルールがあるのかを見ていきましょう。

　……ということで、あらためて体験ツアーへようこそ!!

　ツアーの案内役は、私、横溝慎一郎が務めさせていただきますね。

行政法の世界はびっくりするくらい広い

「行政法の世界」と一言で言っても、行政が担当している範囲はとても広いです。

　どれくらい広いのかというと、国を統治していくうえで、**国会と裁判所が担当している分野以外は、全部、行政の担当**です。つまり、国の仕事において、立法（国会）と司法（裁判所）以外は、すべて行政が担当している、ということです。

　さらに、行政を実際に担当しているのは、国だけではありません。**地方公共団体も行政を担当**しています。

　つまり、内閣のやっていることも、中央省庁の官僚のみなさんがやっていることも、交番のおまわりさんがやっていることも、消防士さんがやっていることも、県庁や市役所や町役場で働く職員のみなさんがやっていることも、すべて「行政法の世界」の話なのです。

◎ 行政法の世界はこんなに広い!

内閣の仕事

官僚の仕事
（国家公務員）

自衛官の仕事

これらはすべて
「行政法の世界」！

警察官の仕事
（都道府県単位）

消防官の仕事
（市町村単位）

知事・市町村長
の仕事

都道府県・
市町村の職員
の仕事

行政法の世界は
国会と裁判所が担当
していること以外
全部が当てはまります

チェックポイント

行政法の世界を支える大原則①

①国会と裁判所が担当している分野以外は、行政の担当
②行政が担当する世界は、身近なものからそうでないものまで、幅
　が非常に広い

1 合格をかなえる勉強法

2 憲法

3 行政法

4 民法

5 基礎法学

6 一般知識・商法・会社法

行政活動には、何らかの「ルール」が必要

　行政法の世界がどれくらい幅広いかを、おわかりいただけましたか？

　行政法のこの広い世界には、その屋台骨を支える**大原則**があります。

　あなたが体験ツアーに旅立つ前に、その大原則について簡単に説明しておきましょう。

　「行政」の世界はとてつもなく広いですから、その活動も膨大で多種多様です。その中には、役所が提供してくれているさまざまなサービスのように、私たちの生活に役立つものが多いのですが、ともすると困ったことになる場合のものもあります。

　たとえば、お店で買い物をすると、日本では消費税がかかります。これも行政活動のひとつです。この消費税の税率がそれぞれのお店の意向で異なるなんてことがあったら、大変ですね。

　警察官が行う「職務質問」って聞いたことがあるかと思います。これも行政活動ですが、警察官が好き勝手にやってよいとなると、いろいろと問題が起きそうですよね。

行政法の世界の「大原則」とは？

　このように、消費税にしても職務質問にしても、行政活動、とくに私たちの権利を制限するような働きを持った行政活動（**侵害行政**といいます）に対しては、きちんと「ルール」を決めておかないと、いろいろ混乱する危険性があります。

　そこで、「大原則」の登場です。

　それは、**行政の活動は、国会がつくった法律によって、その基本ルールが決められる**、という大原則です。

　つまり、国民の代表者が集う国会でつくられた法律で、行政活動をコントロールする。そうすることで、私たち国民の権利が、行政活動によって不当に侵害されることを防ぐというわけです。

　ちなみに、消費税は、**消費税法**という法律に、職務質問は**警察官職務執行法**という法律に、そのルールが定められています。

◎ 行政法の「大原則」とは?

行政法の大原則

行政活動は、
国会がつくった法律で、その基本ルールが決められる

> たとえば、警察官には、
> 職務質問の権限が与えられています

警察官職務執行法2条1項

警察官は、異常な挙動その他周囲の事情から合理的に判断して何らかの犯罪を犯し、若しくは犯そうとしていると疑うに足りる相当な理由のある者又は既に行われた犯罪について、若しくは犯罪が行われようとしていることについて知つていると認められる者を停止させて質問することができる

国民の行動の自由を邪魔しかねない職務質問

> どこに行くんですか?
> 仕事は何ですか?
> 家はどこですか?

> このように職務質問は
> 警察官職務執行法に
> 基づいて行われているんですね

国会でルールをつくり、不当に侵害されないようにしている

そのルールが、ここでは警察官職務執行法

📖✏️ チェックポイント

行政法の世界を支える大原則②

①行政活動は幅が広いだけに、私たち国民の生活にも影響が大きい
②行政活動は、国会がつくった法律による基本ルールに従って行われなければならない

1 合格をかなえる勉強法
2 憲法
3 行政法
4 民法
5 基礎法学
6 一般知識・商法・会社法

重要度 ★★★

行政手続法とは？

行政が、その活動において
守るべき共通のルールを定めた法律です

シフォンケーキとコーヒーのおいしいカフェを開こう！

それではあらためて、「行政法の世界」の体験ツアーに向かいましょう。

私たちが行政の働きに関わる場面はいろいろあります。今回は、行政書士試験対策においても役に立つであろう、こんなケースで考えてみましょう。

それは、「カフェを開く！」というケースです。

「いつかカフェを開きたい！」という夢を持つ人が最近増えてきているのだとか……。あなたも、そのカフェオーナーを夢見るひとりとしましょう。

あなたは普段からケーキやクッキーをつくるのがとても得意です。コーヒーにもこっています。ときどき、手づくりのケーキなどを友人にもプレゼントしたりするのですが、そのたびに「こんなに上手だったら、お店を出せるよ！」なんてほめてもらえます。

なので、だんだんその気になってきて、あるとき一念発起して、得意のシフォンケーキとコーヒーを提供する自分のカフェを開くことにしました。

お店を開くには、営業の許可が必要です

お店を出す場所をリサーチしたところ、中目黒（東京都目黒区）にちょうどよさそうな物件が見つかりました。

もともとカフェがあった場所だということで、大がかりな内装工事はしなくても済みそうです。

「じゃあ、さっそく開店準備に入らなきゃ！」と、あなたの心ははやります。

「ん？　ちょっと待てよ。お店って、勝手に出せるものなんだっけ？」

いいえ、勝手には出せません。保健所の**営業の許可**を取る必要があります。では、どうすれば営業の許可は取れるのでしょうか。

◎ カフェを開くのには、どんな手続きが必要？

イメージ通りの
物件もゲット！

よし！
行動あるのみ。
カフェを開くぞ

あなたは、これですぐにカフェを開けるのでしょうか？

営業許可を取得する流れ

① 保健所への事前相談
↓
② 営業許可申請
↓
③ 施設検査の打合わせ
↓
④ 施設の確認検査
↓
⑤ 営業許可書の交付
↓
⑥ 営業開始

いいえ、開けません。
お店を開くには、
保健所の営業の許可が
必要です

📖 チェックポイント

カフェを開こうと思ったら……

①勝手に飲食店を開いてはいけない
②飲食店の場合、保健所の営業許可を取る必要がある

1 合格をかなえる勉強法
2 憲法
3 行政法
4 民法
5 基礎法学
6 一般知識・商法・会社法

許可申請書は見つけたけど……

　営業の許可を取るには、お店を中目黒（東京都目黒区）に開くのであれば、目黒区の保健所に**営業許可の申請**をする必要があります。

　あなたはさっそく、目黒区のホームページをチェック。営業許可申請書のPDFデータもすぐ見つかりました。

　「これに必要事項を書けばいいのね」と思ったのもつかの間、申請書を見て目が点になります。

　「これって何を書けばいいの!?」

　パニック状態になったあなたは、どうすればいいのかわからず、途方に暮れてしまいました。

行政手続法はあなたの強い味方です

　営業許可申請に関する手続きは、**行政手続法**という法律に定められています。この法律は行政書士試験でも出される重要な法律です。

　その行政手続法には、**これから申請をしようとしている人などに対して、必要な情報を提供するよう努力することを行政側に求める規定**があります（行政手続法9条2項）。

　つまり、わからなければ、保健所に相談に行けばよいのです。スムーズに手続きを進めていくためにも、行政側へのこうした事前の相談は重要です。

　さらに、事前相談を経て営業許可を申請した後には、必ず施設の**確認検査**が行われます。ここでは、施設が申請した通りのものかや、**施設基準に合致**しているかなどがチェックされます。

　こうした行政側による検査は、この確認検査だけでなく、さまざまな場面で行われます。となると、検査を受ける側としては、あらかじめどういうことがチェックされるのかを知っておきたいですよね。

　そのため、行政手続法では、行政側は、チェックする基準（審査基準といいます）を**できる限り具体的に定めておく必要**があるとしています。さらに、**その内容は、原則として公開**することが求められています（行政手続法5条2項・3項）。

1 合格をかなえる勉強法

2 憲法

3 行政法

4 民法

5 基礎法学

6 一般知識・商法・会社法

◉ 行政側は、申請者への「情報の提供」に努める必要あり！

行政手続法9条2項

行政庁は、申請をしようとする者又は申請者の求めに応じ、申請書の記載及び添付書類に関する事項その他の申請に必要な情報の提供に努めなければならない

【「営業許可申請書」のサンプル】

営業許可申請書の書き方は保健所で質問すれば、教えてもらえます！

行政手続法5条2項

行政庁は、審査基準を定めるに当たっては、許認可等の性質に照らしてできる限り具体的なものとしなければならない

行政手続法5条3項

行政庁は、行政上特別の支障があるときを除き、法令により申請の提出先とされている機関の事務所における備付けその他の適当な方法により審査基準を公にしておかなければならない

📖🖊 チェックポイント

行政手続法が求める「行政側の対応」とは？

①行政手続法により、申請前の問合わせに対応することが、行政側に求められている（努力義務）

②行政手続法により、あらかじめ審査基準を定め、公開することが求められている（法的義務）

行政調査・行政指導とは？

行政はその役割を果たすために
「調査」や「指導」を行うことがあります

無事に開店し、順調な日々が続いたが……

保健所に事前相談に行ったあなたは、営業許可を取るには**食品衛生責任者**が必要なことや、そのほかの注意点について教えてもらいました。

そして、着々と手続き等を進めていき、無事、営業許可をもらうことができました。これでようやく、念願のカフェのオープンです！

あなたのおいしいシフォンケーキは口コミで評判を呼び、客足も順調に伸びていき、お店の経営は開店してまもなく軌道に乗りました。

そんなある日のこと、お店に保健所から電話がありました。

「〇日〇時ころ、**衛生検査**に伺いますので、よろしくお願いします」

「えっ!?　なんか悪いことしたのかな……」

あなたは真っ青になってしまいました。

衛生検査の正体とは？

この「衛生検査」というものは、**食品衛生法**に基づいて行われるものです。この検査を拒むと、なんと罰金刑に処せられます。

保健所は、食中毒が起きないようにするためなどといった理由で、こうした検査を定期的に行っています。なので、別に悪いことをしたから行われるわけではないのです。それを知って、あなたもひとまず安心です。

こういった検査のことを**行政調査**と呼びます。

とくにこのケースのように罰則をもって協力を強制する行政調査を、**間接強制を伴う調査**と呼んでいます。この場合は、**法律の根拠が必要です**（このケースでは食品衛生法）。

一方、相手方の承諾を前提に、任意で行う行政調査を**任意調査**といいます。この場合、**法律の根拠は不要**です。

1 合格をかなえる勉強法

2 憲法

3 行政法

4 民法

5 基礎法学

6 一般知識・商法・会社法

◎「行政調査」とは?

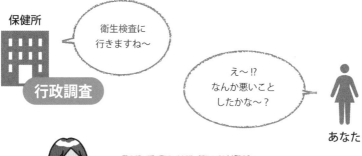

● 行政調査とは…

行政目的を達成するために行政側が行う、情報等を収集する活動のこと

◎ 行政調査の種類

種類	内容	法律の根拠
任意調査	相手方の任意の協力のもとに行われる調査	不要
間接強制を伴う調査	調査に協力しないと罰則がある調査	必要
強制調査	裁判所の許可状を基に強制的に行う調査	必要

📖✏️ チェックポイント

行政調査には3種類ある

①行政調査とは、行政目的を達成するために行われる情報収集活動のこと
②行政調査には、任意調査、間接強制を伴う調査、強制調査の3種類がある

行政指導が行われることも……

あなたのカフェの物語に戻りましょう。

衛生検査の場合、食品衛生法上の問題点が見つかってしまうと、「ちゃんと改善してくださいね」という指導が入ってしまいます。

こういった指導を**行政指導**と呼びます。

でも、あなたは、自分ではお店の衛生にはかなり気を使っているつもりです。なので、「ちゃんとやっているのに、なんで保健所に指導されなくちゃいけないんだ！」とプンプンです。

食品衛生法上の問題点が見つかると、どうなる？

じつは、行政指導に従うかどうかは、**指導をされた側が任意に決めればよい**とされています。

なので、「そんなのおかしい！」と思ったら、あなたはその指導を無視することもできるわけです。

ただし、**食品衛生法上の問題点が見つかり、書面で行政指導を受けた場合、保健所のホームページにあなたの名前やお店の住所が公表**されます。

ある意味「さらし者」にされるのですね。

こうした対応は、食品衛生法が定めているルールに従って行われます。保健所側がこうした行政指導を行うのは、「食中毒を発生させない」という目的をしっかり達成するためです。なので保健所としては、任意とはいえ、本音のところでは、あなたにちゃんと従ってほしいわけです。そこで、こういった「さらし者」にするという対応を保健所はとっているのです。

名前や住所が保健所のホームページで公表されてしまえば、お店の評判はガタ落ちになる危険性があります。

下手をすれば、お客さんが来てくれなくなるかもしれません。それに、指導されたその衛生上の問題で実際に食中毒が発生したら、さらに客足が減りかねません。

そう考えると、日ごろから食品衛生法上のルールに違反していないかを、注意しておいたほうがいいですね。

1 合格をかなえる勉強法

2 憲法

3 行政法

4 民法

5 基礎法学

6 一般知識・商法・会社法

◎「行政指導」とは？

● 行政指導とは…

行政側から、一定の行政目的達成のため、任意の協力を求めて働きかけること。
「任意」なので、従うかどうかは相手の自由に任される

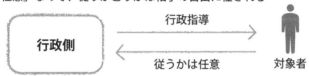

◎ 行政指導に法律の根拠は必要？

● 行政指導そのものについては、個別の法律の根拠はなくてよい

ただし…

● 行政指導する側は、自分の権限の範囲内で行う必要があるが、
その際、「権限の範囲」については、法律の根拠が必要

行政指導は、
法律の根拠がある場合はもちろんですが、
根拠がなくても行うことができます

📖✎ チェックポイント

行政指導の強制力はどれくらい？

①行政指導に従うかどうかは任意であるとされている
②食品衛生法のように、違反事実の改善を求める行政指導を受ける
　と、名前等が公表されることもある

不利益処分とは？

行政手続法で定められた
営業停止や取消しなどの処分のことです

食中毒が起きてしまったら……

いくら気をつけていても、食中毒が起こってしまうことはあり得ます。

サルモネラ菌やカンピロバクター、O157などなど……。さまざまな菌が原因となって食中毒は発生してしまうのです。

では、もしあなたのお店で提供した食事が原因で、食中毒が発生してしまったとしたら、お店はどうなってしまうのでしょうか？

食中毒が発生した場合、保健所が調査に入ります。その調査で、実際にあなたのお店で提供した食事が原因だとわかった場合、一定期間の**営業停止処分**を下されます。

停止させられる期間は、3〜7日間くらいが一般的です。もちろん停止期間が過ぎれば、また営業を再開することができます。

不利益処分には言い訳のチャンスあり

この営業停止処分は、**行政手続法**が定める**不利益処分**に該当します。

不利益処分とは、**行政側が法令に基づいて、その対象者に対して、義務を課したり、その権利を制限したりする処分**のことです（行政手続法2条4号）。

不利益処分をする場合、行政手続法には、「**原則として対象者に言い訳のチャンスを与えなければならない**」というルールが置かれています。

言い訳のチャンスには2種類あります。

ひとつが**聴聞**です。これは、行政側が指定した日時・場所に対象者が出頭して、自分の意見を陳述できる、というものです。

もうひとつが、**弁明の機会の付与**です。これは、対象者が書面（弁明書）を提出して自らの意見を弁明できるというもので、略式の方法となります。

営業停止処分の場合は、後者の「弁明の機会の付与」を行います。

1 合格をかなえる勉強法

2 憲法

3 行政法

4 民法

5 基礎法学

6 一般知識・商法・会社法

◎ 営業停止処分になったら…

食中毒が発生！

営業を
停止しなさい！

保健所

営業停止の期間は、
3〜7日間が
一般的です

行政手続法

営業停止になる前に、言い訳のチャンスが与えられる

◎ 言い訳の2つのチャンス

種類	内容	方法
聴聞 （行政手続法 13 条 1 項 1 号）	行政側が指定した日時・場所に対象者が出頭して、自分の意見を陳述できる	口頭
弁明の機会の付与 （行政手続法 13 条 1 項 2 号）	対象者が書面（弁明書）を提出して、自らの意見を弁明できる	書面

営業停止処分の場合の言い訳の方法としては
「弁明の機会の付与」を行うのが一般的です

チェックポイント

不利益処分は、ここを押さえる①

①行政側は、不利益処分を行う前に、対象者に対して、言い訳の機会を与えなければならない

②言い訳の機会には、「聴聞」と「弁明の機会の付与」の2種類がある

数日間とはいえ、お店を開くことができないわけですから、あなたにとっては大きな損失です。こうした言い訳のチャンスは、あなたの権利を守るためのルールというわけです。

営業許可の取消しが出る場合もある

不利益処分には、**営業許可の取消処分**もあります。たとえば、カフェの場合なら、食品衛生法違反が繰り返されるなど、これ以上営業を続けさせることが不適当だと判断されると、保健所長により営業許可そのものが取り消されてしまうこともあるのです。

取り消されると、お店自体、「取りつぶし」になりますから、受けるダメージは営業停止に比べてもすさまじいものがあります。そこでここでも、行政手続法により言い訳のチャンスとして、**原則「聴聞」の機会が与えられ、そのうえで最終決定**されます。

撤回と職権取消の違いは？

営業許可の取消処分とは、もともと問題なく出された営業許可を、その後の違反行為を理由に取り消すものです。ですから、**取消処分が出されると、そこから営業ができなくなる**という効果が生じます。

つまり、取消処分が決まるまでは、営業許可は有効なままで、決定後、「今日から営業するなよ」という扱いを受けることになるのです。これを**撤回**といいます。

取消処分には、営業許可そのものを最初からなかったことにするケースもあります。これは、**職権取消**というパターンです。許可を出す際に不正行為が絡んでいた場合などには、こうした処分が取られます。

なお、取消処分の「撤回」パターンで身近なものとして、**運転免許の取消**しがあります。これは、きちんと免許を取った人の、その後の運転状況の変化に応じて出されるもので、運転免許が最初からなかったことになるのではなく、取り消されるのは、撤回の決定後になります。

1 合格をかなえる勉強法
2 憲法
3 行政法
4 民法
5 基礎法学
6 一般知識・商法・会社法

◎ 営業許可の取消処分の2つのパターン

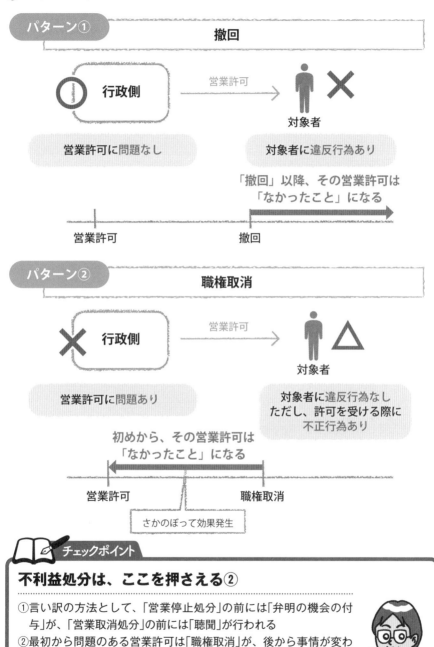

パターン①　　　　　　　　　**撤回**

行政側　→（営業許可）→　対象者 ✕

営業許可に問題なし　　　　対象者に違反行為あり

「撤回」以降、その営業許可は「なかったこと」になる

営業許可　　　　　　撤回

パターン②　　　　　　　　**職権取消**

✕ 行政側　→（営業許可）→　対象者 △

営業許可に問題あり　　　　対象者に違反行為なし
　　　　　　　　　　　　　ただし、許可を受ける際に不正行為あり

初めから、その営業許可は「なかったこと」になる

営業許可　　　　　　職権取消

さかのぼって効果発生

チェックポイント

不利益処分は、ここを押さえる②

①言い訳の方法として、「営業停止処分」の前には「弁明の機会の付与」が、「営業取消処分」の前には「聴聞」が行われる
②最初から問題のある営業許可は「職権取消」が、後から事情が変わった場合は「撤回」が行われる

行政側に行政指導や処分を
リクエストできる

リクエストできるのは、
営業停止処分や営業取消処分などです

近所の「困ったお店」への対応策は？

　あなたのお店は大丈夫だと思いますが、お店によっては近所の人から苦情が殺到するようなケースもあるかもしれません。

　ゴミ出しのルールを守っていないとか、衛生上問題があるとか、騒音がひどいとか……。苦情の内容はいろいろです。

　本来なら保健所がきちんと改善するよう行政指導をするべきなのに、保健所が動く気配がない場合、迷惑を被っている周辺の人たちは、どのような手立てを取ることができるのでしょうか？

行政手続法が用意する、ある「制度」とは？

　もちろん、毎日、保健所に電話して苦情を訴えるという方法もあるでしょう。しかし、これもやりすぎるとかえって保健所に迷惑をかけてしまいかねません。もう少しスマートに処理する方法はないのでしょうか？

　そこで行政手続法では、ある「制度」を用意してくれています。それは、行政側に対して、**処分や行政指導のリクエストができる**という制度です（**行政手続法36条の3 1項**）。

　たとえば、近所の飲食店において、明らかに食品衛生法違反だと思われる事実がある場合なら、保健所に対して、**営業停止処分や営業取消処分を出すようにリクエストをすることができます**。

　リクエストされた保健所側は、必要な調査をしたうえで、その内容がもっともだと判断した場合は、リクエストされた「処分」を出すことが義務づけられています（**行政手続法36条の3 3項**）。

地域住民

どうして保健所は
何も言わないんだ！

行政手続法36条の3　1項

何人も、法令に違反する事実がある場合において、その是正のためにされるべき処分又は行政指導（その根拠となる規定が法律に置かれているものに限る。）がされていないと思料するときは、当該処分をする権限を有する行政庁又は当該行政指導をする権限を有する行政機関に対し、その旨を申し出て、当該処分又は行政指導をすることを求めることができる

地域住民

リクエスト　→　**行政側**

↓

調査

↓

**法令違反の
事実あり**

営業停止処分
営業取消処分
…など

行政手続法36条の3　3項

当該行政庁又は行政機関は、第1項の規定による申出があったときは、必要な調査を行い、その結果に基づき必要があると認めるときは、当該処分又は行政指導をしなければならない

📖✏️ **チェックポイント**

「行政手続法36条の3」の内容を押さえよう

①誰でも、処分や行政指導を出すように行政側にリクエストできる
②行政側は必要があると認めるときは、リクエストされた処分や行政指導を行う

1 合格をかなえる勉強法
2 憲法
3 行政法
4 民法
5 基礎法学
6 一般知識・商法・会社法

08 行政側の判断に不服がある場合は？

審査請求と取消訴訟という
2つの争い方があります

取消処分を「なかったこと」にできるシステムとは？

さて、あなたのお店に営業許可の取消処分が出てしまった場合、あなたは黙ってその処分を受け入れなければならないのでしょうか？

営業停止処分にしろ、営業許可の取消処分にしろ、行政側としては、「すでに『言い訳のチャンス』も与えたのだから、もうこれ以上、ガタガタ言わずに処分に従え」なのかもしれません。

でも、それではあんまりですよね。

このままお店が取りつぶしとなれば、あなたは路頭に迷ってしまいます。家族がいた場合はもっと状況は深刻です。

そこで、営業許可の取消処分を「なかったこと」にしてもらえるシステムが用意されています。

それが、**審査請求**と**取消訴訟**です。

審査請求とは？

審査請求とは、処分を受けた人が行政側に対して、その処分の判断について見直しを求めるシステムです。

行政不服審査法に定められており、この請求が認められると、その処分の判断は初めから「なかったこと」になります。

この場合、審査請求の申立先（**審査庁**といいます）は、原則として処分の判断をした行政庁（**処分庁**といいます）の最上級行政庁（一番上の行政庁ということです）です。このケースでは、処分庁が保健所長で、審査庁は東京都知事となります。

審査請求は、原則として「書面」で審理が進められますので、比較的早い時点で結論が出されます。その結論のことを、**裁決**といいます。

◎ **審査請求の流れを知ろう**

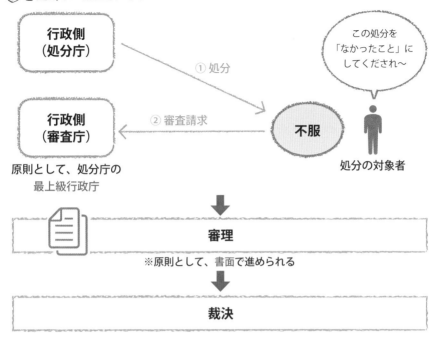

① 処分

② 審査請求

この処分を
「なかったこと」に
してくだされ〜

行政側
（処分庁）

行政側
（審査庁）

不服

処分の対象者

原則として、処分庁の
最上級行政庁

審理

※原則として、書面で進められる

裁決

◎ **裁決の種類**

種類	内容
却下裁決	法律で決められた期間内に審査請求をしなかった場合などに出される
棄却裁決	処分の対象者の主張が認められない場合に出される
認容裁決	処分の対象者の主張が認められる場合に出される。この場合、処分は最初から「なかったこと」になる

📖 **チェックポイント**

審査請求とは？

①審査請求とは、行政側に対してその処分の判断について見直しを
　求めるシステム
②裁決の種類には、「却下裁決」「棄却裁決」「認容裁決」の３種類が
　ある

1 合格をかなえる勉強法
2 憲法
3 行政法
4 民法
5 基礎法学
6 一般知識・商法・会社法

取消訴訟とは？

　もうひとつの、取消訴訟とは、**行政事件訴訟法**で定められたシステムです。**裁判所に対して、問題となっている処分を「なかったこと」にする判断を求めることができます。**

　このケースでは、訴える相手方（**被告**といいます）は東京都になります。

　取消訴訟の審理は、裁判官の面前で訴えを起こしたあなた（**原告**といいます）と訴えられた東京都側が、それぞれ**口頭**で自分たちの言い分を主張し、それを裏付ける証拠を提出します。

　審査請求と異なり、じっくり審理をしていきますので、結論が出るまで時間がかかります。その結論は**判決**という形式で示されます。

利用には期間の制限がある

　審査請求でも取消訴訟でも、あなたの主張が認められた場合には、営業許可の取消処分は初めから「なかったこと」になります。

　ただ、どちらも、処分に不服があったらいつでも利用できる、というわけではありません。

　利用できる期間の制限が決められているのです。

　審査請求の場合、原則として、処分があったことを知った日の翌日から起算して**3カ月**を経過すると請求できなくなります。取消訴訟の場合、**6カ月**を経過すると訴えられなくなります。

　なぜ、こうした期間の制限があるのかというと、そうしたものがないと、行政側の判断がいつまでたっても確定しないことになってしまうからです。

　このケースでいえば、「不衛生な飲食店の営業を許すことはできない」という行政側の思惑があったうえでの取消処分の判断です。なので、行政側としては、それは早めに確定させたいということなのです。

　ちなみに、審査請求と取消訴訟は、原則としてどちらを利用してもかまいません。なんなら同時に利用してもよいとされています。

　このケースでも、東京都知事に対する審査請求と、東京都に対する取消訴訟をどう利用するかは、あなた次第なのです。

◎ 取消訴訟の流れを知ろう

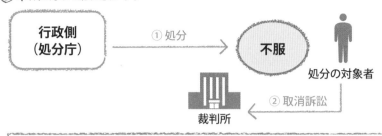

処分の対象者が原告となり、処分を決めた行政側は被告となり、
裁判所は公正な立場で原告と被告双方の主張を聞き、判断し、判決を出す

裁判所が処分の対象者の主張を認めれば（認容判決）、
処分は初めから「なかったこと」になる

◎ 審査請求と取消訴訟ができる期間

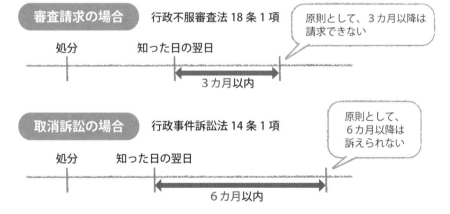

審査請求の場合 　行政不服審査法 18 条 1 項

原則として、3 カ月以降は
請求できない

処分　　　知った日の翌日

3 カ月以内

取消訴訟の場合 　行政事件訴訟法 14 条 1 項

原則として、
6 カ月以降は
訴えられない

処分　　知った日の翌日

6 カ月以内

 チェックポイント

取消訴訟とは？

①取消訴訟とは、裁判所に処分の取消しを求める訴訟である
②審査請求も取消訴訟もそれを行う期間の制限がそれぞれある

1 合格をかなえる勉強法
2 憲法
3 行政法
4 民法
5 基礎法学
6 一般知識・商法・会社法

09 執行停止制度とは？

審査請求や取消訴訟の間でも、
店の営業を続けるための制度です

審査請求や取消訴訟をしても、営業を再開できない？

　前項の審査請求をしたり、あるいは取消訴訟を起こしたりした場合、あなたはすぐにお店の営業を再開できるでしょうか？

　たしかに、すぐに営業が再開できてもよさそうですが、残念ながらそうはいきません。

　というのも、**営業許可の取消処分は、審査請求や取消訴訟を起こしただけでは、何の影響も受けないのが原則**だからです（執行不停止の原則といいます）。

　行政側の考えとしては、まだどういう結論になるかもわからないのに、営業を再開させる必要はないということなのでしょう。

1日も早い営業再開には、この制度を活用！

　そうすると、お店は当面、営業再開ができないということになります。

　その結果、お店を開いていれば入ってくるはずだった収入も入ってきません。その状態が長引けば長引くほど、お店の経営のみならず、あなたの家計もどんどん苦しくなっていくことでしょう。

　そして、たとえばあなたが取消訴訟を起こし、何年か争った結果、ようやくあなたの主張が認められ、営業許可の取消処分が取り消されても、その間に失われた収入は戻ってきません。

　あなたとしては1日でも早く、営業を再開したいところですよね。

　そんなとき、審査請求、取消訴訟のいずれの場合でも、一定の条件のもとで、**営業許可の取消処分をいったんストップさせる**こともできます（行政不服審査法25条2項・3項、行政事件訴訟法25条2項）。

　これを執行停止制度といいます。

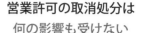

◎ 執行停止制度とは?

| 審査請求 |
| 取消訴訟 |

→ 営業許可の取消処分は
何の影響も受けない

執行不停止の原則

↓

早めに営業を再開したいときは、一定の条件のもとで
営業許可の取消処分をいったんストップさせることができる

執行停止制度

行政不服審査法25条2項

処分庁の上級行政庁又は処分庁である審査庁は、必要があると認める場合には、審査請求人の申立てにより又は職権で、処分の効力、処分の執行又は手続の続行の全部又は一部の停止その他の措置(以下「執行停止」という。)をとることができる

行政事件訴訟法25条2項

処分の取消しの訴えの提起があつた場合において、処分、処分の執行又は手続の続行により生ずる重大な損害を避けるため緊急の必要があるときは、裁判所は、申立てにより、決定をもつて、処分の効力、処分の執行又は手続の続行の全部又は一部の停止(以下「執行停止」という。)をすることができる。ただし、処分の効力の停止は、処分の執行又は手続の続行の停止によつて目的を達することができる場合には、することができない

📖✍ チェックポイント

取消処分をいったんストップできる制度とは?

①審査請求や取消訴訟をしただけでは、問題の処分は何ら影響を受けない

②必要があると認められる場合や、処分により生じる重大な損害を避けるため緊急の必要があるときは、執行停止制度を利用する

1 合格をかなえる勉強法
2 憲法
3 行政法
4 民法
5 基礎法学
6 一般知識・商法・会社法

重要度 ★★★

国家賠償法とは？

公務員の不法な行為に対する
賠償請求のルールを定めた法律です

国や公共団体に損害賠償を請求できる？

あなたのお店に対する今回の営業許可の取消処分は、保健所長の判断にかなり問題があったことが、取消訴訟を進めていくうちに次第にわかっていきました。

すると、裁判においてあなたの代理人を務める弁護士は、「これは**賠償請求**すれば、お金を取れますよ」と、鼻息荒く教えてくれました。

東京都に賠償請求するって、いったいどういうことなのでしょう？

じつは、このようなケースを想定した法律に、**国家賠償法**があります。

これは、**憲法17条**の「何人も、公務員の不法行為により、損害を受けたときは、法律の定めるところにより、国又は公共団体に、その賠償を求めることができる」という規定の具体的なルールを定めた法律です。

そして、**国家賠償法1条1項**に、公務員が違法に私たちに損害を加えたときは、国や都道府県、市町村等がその損害を賠償してくれることが規定されています。

あなたに弁護士が教えてくれたのは、どうやらこの話のようです。

賠償と補償の違いとは？

国家賠償の制度のほかに、**損失補償制度**というものもあります。

賠償とは、このケースのように、**行政側の違法な行為によって私たちが迷惑を被った場合**に利用することができるものです。一方、補償とは、**行政側の違法ではない行為によって、私たちが迷惑を被った場合**に利用することができるものです。

どちらも行政側にお金を請求できますが、行政側の行為が違法か、違法ではないかによって、使う言葉が変わるのです。

◎ 国家賠償請求の仕組み

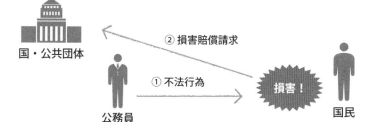

国・公共団体

② 損害賠償請求

① 不法行為

公務員　　　　　　損害！　　　国民

憲法17条

何人も、公務員の不法行為により、損害を受けたときは、法律の定めるところにより、国又は公共団体に、その賠償を求めることができる

国家賠償法1条1項

国又は公共団体の公権力の行使に当る公務員が、その職務を行うについて、故意又は過失によつて違法に他人に損害を加えたときは、国又は公共団体が、これを賠償する責に任ずる

◎ 賠償と補償はどう違う？

- 賠償とは…
  違法な行為で受けた損害に対して、お金を請求する
  → 国家賠償制度
- 補償とは…
  違法ではない行為で生じた損失に対して、お金を請求する
  → 損失補償制度

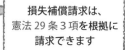

損失補償請求は、憲法29条3項を根拠に請求できます

チェックポイント

「賠償」と「補償」の違いは？

①日本国憲法17条で、初めて「国家賠償制度」が設けられた
②違法な行為に対するのが「賠償」、適法な行為に対するのが「補償」

1 合格をかなえる勉強法
2 憲法
3 行政法
4 民法
5 基礎法学
6 一般知識・商法・会社法

11

重要度 ★★★

公の営造物で損害を受けた場合は？

行政側は、国民に与えた損害に対して
賠償する責任を負います

お店は再び軌道に乗ったけれど……

　無事に東京都から賠償金をゲットし、あなたはお店を再開できました。

　以前の常連さんも戻ってきてくれて、お店はあらためて軌道に乗り始め、あなたもひと安心。……と言いたいところなのですが、じつはひとつ、気がかりなことがあります。

　お店は１階が店舗で、２階が住居になっています。気がかりなことというのは、お店の裏の道路脇が崖になっていることです。どうもその崖の状態が「崩れるのでは……」という感じなのです。

　ところが道路を管理している東京都に話をしても、何も対応してくれません。「いつか急に崖が崩れたら、どうしよう……」と、あなたの不安は募るばかりです。

崖崩れでお店が被害。誰に責任を取ってもらう？

　そんなある日、恐れていたことがとうとう起きてしまいます。前日から降り続いた雨が誘因となり、崖が崩れてしまったのです。

　その結果、道路だけでなく、あなたのお店も被害を受けました。報道の内容を見ても、やはり東京都の管理に問題があったようです。

　国家賠償法は、公の営造物によって損害を受けた場面において、**その損害を行政側に請求できる制度**を置いています（国家賠償法２条１項）。

　そのため、あなたは東京都に対して、「都の道路の管理が悪かったから、崖崩れが起きて、その結果、私のお店は被害を受けた」と主張して、受けた損害の賠償を求めることができるのです。

　道路は安全な状態であることが求められます。管理する自治体は、「予算がない」という言い訳をすることができないのです。

◎ 行政側の「予算不足」の言い訳が通用する場合・しない場合

1 合格をかなえる勉強法
2 憲法
3 行政法
4 民法
5 基礎法学
6 一般知識・商法・会社法

国家賠償法2条1項

道路、河川その他の公の営造物の設置又は管理に瑕疵があつたために他人に損害を生じたときは、国又は公共団体は、これを賠償する責に任ずる

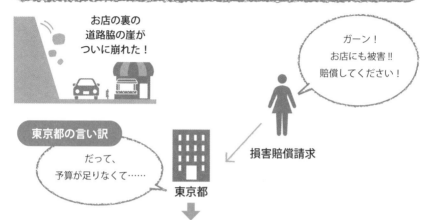

お店の裏の
道路脇の崖が
ついに崩れた！

ガーン！
お店にも被害!!
賠償してください！

東京都の言い訳

だって、
予算が足りなくて……

損害賠償請求

東京都

「予算が足りない」という言い訳は通用する？

道路	×	道路は、行政側で造って提供するもののため、安全な状態が大前提 ⬇ そのため「予算が足りない」という言い訳はできない
河川	○	河川の治水対策には莫大なお金がかかる ⬇ ある程度、予算上の限界を言い訳にすることができる

 チェックポイント

国家賠償法2条1項の「瑕疵（かし）」について

①道路の瑕疵 ⇒ 予算不足を言い訳にできない
②河川の瑕疵 ⇒ 予算不足を言い訳にできる

特別区と行政区の違いは？

政令指定都市に置かれるのが「行政区」。
都に置かれるのが「特別区」です

「名古屋市港区」にお店を移転

崖崩れであなたのお店は被害を受けましたが、またまた無事に賠償金を
ゲットできました。ただ、この場所で営業を続けるのは難しいので、移転す
ることにしました。

「せっかくだから東京以外に……」と考えていたら、ちょうど知り合いから
名古屋市の「港区」を紹介されました。名古屋港のそばとのことで、「港の
近くにカフェを出せば、きっと客足も伸びるだろうなぁ」と、あなたは名古
屋市港区にお店を移転することにしました。

同じ「港区」でも東京都と名古屋市ではかなり違う

名古屋市の「港区」と東京都の「港区」は、たまたま名前が一緒です。でも、
地方自治法においてはまったく違うものだということを知っていましたか？

名古屋市は**政令指定都市**です。政令指定都市は現在20市あります(右ペー
ジ参照)。地方自治法では政令で指定する**人口50万人以上の市**であること
が要求されていますが、実際は**70万人以上**でないと指定されません。

この政令指定都市には、**行政区**と呼ばれる「区」を必ず置く必要がありま
す。これはきめ細かな住民サービスを行うための工夫です。

ただし、**行政区は、政令指定都市の一部であり、独立性はありません**。つ
まり「名古屋市港区」は「名古屋市」の一部でしかないということです。区
長は選挙で選ばれないし、独自の予算も組めません。

一方、「東京都港区」は、行政区ではなく都に置かれる**特別区**です。ほか
の市町村と同じように独立性のある地方公共団体です。そのため行政区と異
なり、区長は選挙で選ばれ、予算も独自に組めます。

◎ 政令指定都市とは?

要件	人口が50万人以上の市のうちから、政令で指定 ※実際は、70万人以上でないと指定されていない
特徴	・政令により、都道府県とほぼ同じ権限が与えられる ・行政区が設置されている
政令指定都市 の一覧	現在、次の20市が指定されている（2023年6月現在） 札幌市、仙台市、さいたま市、千葉市、横浜市、川崎市、 相模原市、静岡市、名古屋市、大阪市、堺市、京都市、 神戸市、福岡市、北九州市、熊本市、広島市、岡山市、 新潟市、浜松市

◎ 特別区と行政区はどう違う?

	特別区	行政区
定義	都に置かれる区のこと	政令指定都市に置かれる 区のこと
法人格	ある	ない
区長の選出	選挙で選ぶ	市長が選任
予算	独自で組める	独自で組めない

地方自治法上、「特別区」というと
東京都に置かれている
23の区のことを指します

チェックポイント

行政区は、特別区とここが異なる

①行政区は特別区と違い、法人格がない
②行政区は特別区と違い、区長は市長が選任する

1 合格をかなえる勉強法
2 憲法
3 行政法
4 民法
5 基礎法学
6 一般知識・商法・会社法

議会か、町村総会か？

町や村の場合、議会の代わりに
町村総会を設置することができます

「チョウソンソウカイ」って何だ？

　名古屋市港区にカフェを出したあなた。名古屋港の観光スポットといえば、「南極観測船ふじ」とそこにある「タロ・ジロの像」。そこで、それらにあやかったメニューを開発したところ、またも人気店になりました。

　忙しくも充実した日々を過ごすあなたですが、ある日、休憩時間にニュースを見ていたら、「高知県大川村では、チョウソンソウカイの採用を断念する調査結果を発表」とかなんとか。

　「ん？　チョウソンソウカイって何だ？」

常連さんとの会話

　この言葉が引っかかったまま数日を過ごしたある日のこと、なんとお店の常連客のひとりが、その高知県大川村の出身だということがわかりました。

　そこであなたは、ここ数日の疑問をぶつけてみることにしました。

　「最近、大川村は『なんちゃらソウカイ』をあきらめたみたいだけど……」

　「そうなんだよ。**大川村は議員のなり手がいなくてねぇ**。現役の議員も75歳を超えている人ばかりだし、いっそのこと町村総会を採用しようって話になったんだけどさ」

　「へ〜、そうなんですか。それは大変ですね（←知ったかぶり）」

　「そうなんだよね。でも、村には有権者が370人くらいいるんだけど、年寄りが多いから、**町村総会をやっても、結局、なかなか人が集まらないんじゃ**ないかな」

　この町村総会とは、**有権者全員で構成する総会**のことです。

　通常、都道府県・市町村には**議会**が置かれますが、町村の場合、例外として、議会の代わりに町村総会を置くことが認められているのです(右ページ参照)。

1 合格をかなえる勉強法

2 憲法

3 行政法

4 民法

5 基礎法学

6 一般知識・商法 会社法

◎ 町村総会とは?

【原則】
都道府県・市町村は議事機関として住民が選挙した議員で組織される議会を置く
（地方自治法 89 条 1 項）

【例外】
町村は有権者全員で構成する町村総会を置くことができる
（地方自治法 94 条）

現在、町村総会を
利用している町村は
ありません

議会	町村総会
住民によって選挙で選ばれた議員によって構成	議会を置かず、有権者全員で構成
‖	‖
間接民主制	直接民主制

 チェックポイント

議会と町村総会の違いは？

①議会は、有権者により選ばれた議員で構成される
②町村総会は、有権者全員で構成する

リコールの流れを知ろう

リコールには、有権者の3分の1の署名と
有権者による投票が必要です

お店に困った客が来るようになった

名古屋市港区ですっかり評判となったあなたのお店。今ではいろいろなお客さんがやって来るようになりました。

中には横柄な態度を取るお客さんもいます。とくに今困っているのが、ちょっとコーヒーを出すのが遅くなるだけで、大声で「まだかよ！」などと怒鳴り散らすお客さん。その対応に、あなたは頭を悩ませていました。

その客はなんと市会議員だった！

ほかのお客さんからの情報だと、その人はどうやら名古屋市の市会議員のようです。

ちなみに名古屋市の議会は**市議会**ではなく**市会**と呼びます。これは横浜市や大阪市、神戸市、京都市でも同様です。市制の施行により、明治22（1889）年に「市」が設置された当時、市会と呼んでいたので、現在もその呼び方を使っているのです。

話を戻しましょう。

あなたは「あんな横柄な態度を取る議員は、どうせロクな仕事をしていないはずだ」と想像しました。お客さんとはいえ、来店のたびに嫌な思いをさせられているあなたは、「なんとかして、あの議員をクビにできないものか？」ということばかり考えています。

その議員は不正にお金を使っているらしい

そんなある日、新聞を見ていたら、あの議員の顔写真に出くわしました。その記事を読んだあなたは、ビックリです！

なんとその議員は、**政務活動費**（地方議会の議員に対して調査研究等の目

1 合格をかなえる勉強法

2 憲法

3 行政法

4 民法

5 基礎法学

6 一般知識・商法・会社法

◎ 選挙権・被選挙権について

【選挙権】

都道府県・市町村の議員やその長を選ぶ権利

> **地方自治法18条**
>
> 日本国民たる年齢満十八年以上の者で引き続き三箇月以上市町村の区域内に住所を有するものは、別に法律の定めるところにより、その属する普通地方公共団体の議会の議員及び長の選挙権を有する

【被選挙権】

都道府県・市町村の議員やその長に就く権利

知事や市町村長に立候補する場合、そこに住んでいる必要はありません

議会議員の場合…

> **地方自治法19条1項**
>
> 普通地方公共団体の議会の議員の選挙権を有する者で年齢満二十五年以上のものは、別に法律の定めるところにより、普通地方公共団体の議会の議員の被選挙権を有する

都道府県知事の場合…

> **地方自治法19条2項**
>
> 日本国民で年齢満三十年以上のものは、別に法律の定めるところにより、都道府県知事の被選挙権を有する

市町村長の場合…

> **地方自治法19条3項**
>
> 日本国民で年齢満二十五年以上のものは、別に法律の定めるところにより、市町村長の被選挙権を有する

チェックポイント

選挙権と被選挙権の要件を整理しよう

①選挙権や議会の議員の被選挙権は、住所要件が必要
②知事と市長村長の被選挙権は、住所要件が不要

的で支給される費用のこと）を使って温泉に行ったり、配ってもいないビラの領収書を偽造したりと、いろいろやっていたというではないですか！

あなたはもう、我慢の限界です。

いざ、リコール！

あなたは、さっそく行動に出ることにしました。何をしたのかというと、その議員の事務所に対して、政務活動費の使い方がおかしいとして、議員を辞職するよう申し入れたのです。

ところがまったく相手にしてもらえません。頭にきたあなたは、リコール（議員の解職請求）をすることにしました。

リコールするためには、**その選挙区の有権者の3分の1以上の署名が必要**です。名古屋市港区の有権者数は11万5,102人（2023年1月18日現在）ですので、3万8,367人以上が署名すればいい、ということになります。

そして、頑張った甲斐があり、あなたは必要な数の署名を集めることに成功しました。

ただし、署名を集めれば自動的にクビにできるわけではありません。

今度は、この署名を名古屋市港区に置かれている**選挙管理委員会**に提出し、**港区の有権者による投票にかけてもらわないといけないのです。**

署名は3分の1以上でよいのですが、実際にクビにするときは、全有権者の意見を聞いてから決めよう、ということですね。この投票で、**解職に賛成した人が過半数に達した場合、その議員はクビ**になります。

そこで、あなたは署名を選挙管理委員会に提出。その後、投票が行われ、無事解職に成功！

その後、その前議員はお店にも現れなくなり、ようやくあなたのお店に平和が戻ってきたのでした。

＊　＊　＊

さて、これで「行政法の世界」の体験ツアーはおしまいです。

なんとなく「行政法の世界」をご理解いただけましたか？　これを読んで少しでも身近に感じてもらえたら私としてもうれしい限りです。

1 合格をかなえる勉強法
2 憲法
3 行政法
4 民法
5 基礎法学
6 一般知識・商法・会社法

◎ 議員の解職請求 (リコール) が成立するまで

署名活動

その選挙区の有権者の3分の1以上の署名が必要

集めた署名を選挙管理委員会に提出

有権者の投票

議員の解職について、過半数の賛成

その議員の解職が成立！

◎ 住民による「直接請求」の種類

種類	連署数	請求先	その後の流れ
条例の制定・改廃の請求	有権者の50分の1以上の連署	長	議会で審議をする
事務の監査請求		監査委員	監査の実施
議会の解散請求	有権者の3分の1以上の連署（原則）	選挙管理委員会	有権者の投票（過半数の賛成が必要）
議員の解職請求			
長の解職請求			
副知事、副市町村長などの解職請求		長	議会において、議員の3分の2以上の出席のもと4分の3以上の同意で成立

チェックポイント

「直接請求」は、ここを押さえる

①署名は必ず、有権者数をベースにカウントする
②「その後の流れ」によって、請求先が決まっている

コラム 学習計画に縛られすぎは挫折のもと

　学習計画を立て、つねにゴールを見据えて学習し続けていると、「今、何のためにこの学習をしているのか」が見えるようになり、日々の学習に意味を持たせることができます。

　ですから、学習計画を立てて勉強することは、とても大切です。ただその一方で、問題もあります。そのひとつが、突発的な出来事により、当初考えていた計画が頓挫する、というものです。

　計画を立てれば、必ずそれを妨害するかのようなハプニングが起こるものです。そのときに、計画通りに進めることに固執し、現実的に実現可能かどうかも顧みず突き進んでしまう人がいます。また、ひとたび計画が頓挫すると、全面的な計画の見直しを行い、あらためて再出発を図ろうとする人もいます。

　一見、両極端な行動をとっている両者ですが、じつは意外な共通点があります。それは、行動の根底に「計画通りに進めなければならない」という固定観念が横たわり、そのせいで柔軟な思考ができなくなっている、ということです。

　学習計画はもっと自由でいいと思います。勉強ができない日もあれば、思いきり勉強ができる日もある。

　毎日同じペースで勉強を続けていくのは、専業の受験生であっても実際はしんどいものです。どうしても勉強する気が起きないのであれば、テキストの表紙を眺めるだけでもいいのです。

　もちろん、受験勉強の期間中は、ある程度は歯を食いしばって頑張るということも必要です。でも、頑張りすぎるとつらくなります。つらくなってしまったら、勉強はますます手につかなくなってしまいます。

　計画に縛られすぎない。発想を自由にする。無理をしない。

　これが、何かと忙しい受験生に必要な「三要素」なのです。

138

第 **4** 章

民法

民法の勉強法を知るとともに、
基本的な民法上の
ルールについて学んでいきましょう！

01 勉強法❶

民法は成果が出るまでに 時間がかかる！

民法は焦らず、じっくり、学習していきましょう

民法は「算数」

行政法は勉強した分だけ点数に反映される科目です。そこで行政法は「日本史」や「世界史」と似ているという話をすることがあります。知っているかどうかが、問題の回答に直結しているというイメージです。だからこそ、行政法は初めて挑戦する人でも高得点を狙うことができるのですね。

一方、民法は勉強したからといって、すぐに点数に反映される科目ではありません。というのも、**民法は「算数」と似ている**ところがあるからです。

なぜ時間がかかるのか？

「算数」で学ぶのは、さまざまな公式です。その公式を当てはめて問題が解けるようになるためには、その問題において、あなたが学んだ公式のどれを使ったら良いのかを判断できないといけません。

民法で学ぶのも「公式」です。ですから、テキストを読んで、講義を受けて、それだけで問題が解けるようにはなりません。あなたが知っている「公式」を問題に当てはめることができるようになって初めて問題が解けるようになる。そこに到達するまでには、少し時間が必要です。

インプットとアウトプットは同時並行で

民法のこのような特性から、短期合格を狙う場合、インプットだけを先行させるのは得策ではありません。**インプットとアウトプットは同時並行で進めることが求められます。**

次の項目では、この辺りの話について具体的な方法論を紹介します。

◎ 民法は行政法の次に配点が高い

① 総配点に占める割合は行政法の次に大きい

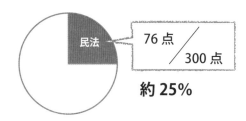

民法 — 76点 / 300点

約 25%

② 法令等科目の（5肢）択一式に占める割合は行政法の次に大きい

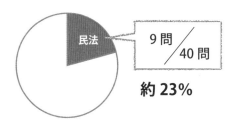

民法 — 9問 / 40問

約 23%

③ （5肢）択一式よりも記述式の配点が高い

（5肢）択一式　36点 記述式　40点

 チェックポイント

民法学習の心構え

①民法は「算数」。だから、結果が出るまで時間がかかる
②インプットとアウトプットを同時並行で進めることが重要

1 合格をかなえる勉強法
2 憲法
3 行政法
4 民法
5 基礎法学
6 一般知識・商法・会社法

02 民法は「過去問」だけでは対応できない！

「公務員試験」の問題集を併用して
インプット＆アウトプットを同時進行しましょう

民法の出題数と配点は？

民法は択一式が9問、記述式が2問出題されています。

配点で見ると76点分あります。行政法の112点の次に配点比率が高い科目が、民法です。

ただし、行政法とは明らかに、勉強方法のアプローチを変えないといけません。

というのは、出題の仕方が行政法とは違っているからです。

民法は過去問のリサイクル率が低い！

行政法は、過去に出題された選択肢が再度出題（リサイクル）される確率の高い科目です。そのため、「過去問第一主義」が非常に有効です。

一方、**民法は同じ選択肢が再度出題される確率が非常に低い科目です**。そのため、民法については、「過去問第一主義」だけでいくのは危険なのです。

民法での「過去問検討」のメリットとは？

もちろん、過去問学習は民法においても重要です。

たとえば、分野によっては、同じ選択肢がリサイクルされている場合もあります。また、それ以上に、過去問を通じて、あなたが勉強した内容について、その理解度を確認することができます。

さらに、過去問学習は、それぞれの論点について、どのあたりまで学習しておけばよいのかを判断する目安にもなります。

そのほか、記述式の過去問を検討することで、あなたの理解度をさらに高めることもできます。

1 合格をかなえる勉強法
2 憲法
3 行政法
4 民法
5 基礎法学
6 一般知識・商法・会社

◎ こんな問題が出題される！

【問題】

虚偽表示の無効を対抗できない善意の第三者に関する次の記述のうち、民法の規定および判例に照らし、妥当でないものはどれか。　　　　　　　　　　　　　　　　（2022年　問27）

1．AはBと通謀してA所有の土地をBに仮装譲渡したところ、Bは当該土地上に建物を建築し、これを善意のCに賃貸した。この場合、Aは、虚偽表示の無効をCに対抗できない。

2．AはBと通謀してA所有の土地をBに仮装譲渡したところ、Bが当該土地を悪意のCに譲渡し、さらにCが善意のDに譲渡した。この場合、Aは、虚偽表示の無効をDに対抗できない。

3．AはBと通謀してA所有の土地をBに仮装譲渡したところ、Bは善意の債権者Cのために当該土地に抵当権を設定した。この場合、Aは、虚偽表示の無効をCに対抗できない。

4．AはBと通謀してA所有の土地をBに仮装譲渡したところ、Bの債権者である善意のCが、当該土地に対して差押えを行った。この場合、Aは、虚偽表示の無効をCに対抗できない。

5．AはBと通謀してAのCに対する指名債権をBに仮装譲渡したところ、Bは当該債権を善意のDに譲渡した。この場合、Aは、虚偽表示の無効をDに対抗できない。

答え：1

【問題】

Aが所有する甲不動産について、Aの配偶者であるBが、Aから何ら代理権を与えられていないにもかかわらず、Aの代理人と称して甲不動産をCに売却する旨の本件売買契約を締結した後、Bが死亡してAが単独で相続するに至った。CがAに対して、売主として本件売買契約を履行するよう求めた場合に、Aは、これを拒みたいと考えているが、認められるか。民法の規定および判例に照らし、その許否につき理由を付して40字程度で記述しなさい。　　　　　　　　（2022年　問45）

〔解答例〕

無	権	代	理	人	を	相	続	し	た	本	人	が	無	権
代	理	行	為	の	追	認	を	拒	絶	し	て	も	信	義
に	反	し	な	い	た	め	、	認	め	ら	れ	る	。	

（44字）

📖✏ **チェックポイント**

民法の学習方法①

①過去問のリサイクル率が、行政法と比べると非常に低い
②過去問第一主義では、対応できない

未出題の重要なテーマが出題されることも！

　一方、民法には、過去に本試験での出題実績はないものの、テーマとして非常に重要な分野がいくつもあります。そのため、「過去問第一主義」で勉強していくと、未出題の分野の勉強が手薄になるリスクが生じます。

　そして、さらに怖いことに、**本試験の問題は、このような未出題の分野からも出題される**のです。

　だからこそ民法の場合、過去問だけに頼らずに何らかの対策を取ることが必須なのです。

「公務員試験」の過去問集を併用する

　そこで私がおすすめしたいのは、日々の学習で「公務員試験」の過去問集を併用していくことです。

　問題のレベルも高すぎず低すぎず、また全分野にわたり網羅的に問題があるので、民法全般の知識を確認することができます。

　勉強の進め方としては、まず、①民法のテキストで勉強をしたら、その日に学んだ内容に該当する公務員試験の問題を、あわせて解くことを繰り返します。そして、民法全体の学習が終わったら、今度は②行政書士試験の過去問を使ってざっくり復習します。その後、③間違えた公務員試験の問題を解き直します。

　このように、**知識を得るインプットと問題を解くアウトプットを同時進行で行っていく**のです。これが民法の勉強では有効です。

民法のキーワードは、「権利」「義務」「要件」

　民法は、私たちの社会を支えるとても大切なルールです。

　ですから、各制度を勉強するにあたっては、「どういった場面で、相手に『何』を言えるのか？」（権利といいます）、または「相手に『何』をしなければいけないのか？」（義務といいます）を知ることが、何よりも重要です。

　そのうえで、「それらはどのような**要件**を満たす必要があるのか」を把握していくようにしましょう。

◎ 民法のおすすめ勉強法

1 民法の勉強を始めたら…

◆民法のテキストを学習 ────────────▶ **インプット**

◆インプットの進度に合わせて、
「公務員試験」の問題を解く ──────▶ **アウトプット**

2 民法を一通り勉強したら…

◆行政書士試験の過去問を使って復習 ──────▶ **インプット**

◆**❶**で間違えた公務員試験の問題を解き直す ──▶ **アウトプット**

ポイントは、
インプットとアウトプット の
同時進行です！

◎ 民法を学ぶときに意識すべきこと

権利は？
どういった場面で
相手に何を言えるのか？

義務は？
相手に
何をしなければ
いけないのか？

要件は？
それらは
どのような要件を
満たす必要があるのか？

条文は？
条文にも
必ず目を通す！

📖✒ チェックポイント

民法の学習方法②

①論点の網羅性の高い「公務員試験」の問題を活用する
②民法の学習は、「権利」と「義務」、そして「要件」に注目する

1 合格をかなえる勉強法
2 憲法
3 行政法
4 民法
5 基礎法学
6 一般知識・商法・会社法

03 勉強法③

民法の択一式は
どう勉強する？

事例問題の対策は、
「図を描く」習慣をつけることです

択一式の出題パターンは大きく2つ

民法の択一式の問題には大きく分けて、**事例問題**といわれる具体的な事例を設定したタイプと、抽象的な文章で単純に知識を問うタイプの2つがあります。

後者は、行政法同様、正確な知識が求められますので、普段から**丁寧にテキストや条文に目を通す習慣**をつけておくことが大切です。

一方、前者は、知識があるだけでは正解を導くことができません。

問題の一つひとつにおいて、持っている知識のどれを使えば解けるのかを判断することが求められます。

そのためにも、**問題演習の経験値を上げておく**ことが重要です。

事例問題では「図を描けるか」がポイントになる

問題演習の経験値を上げるためにも、公務員試験用の民法の過去問集に加えて**司法試験・予備試験など他資格試験の過去問集**を活用していきましょう。

その中で「事例を設定した問題」をピックアップして解いていきます。

そのときに意識してほしいのが、**人物関係を正確に把握する**ことです。

事例を設定した問題は、人物が複数登場するのが一般的です。そのとき、ドラマでもそうですが、人物関係を正確に把握できていないと、ストーリーがわからなくなってしまいます。

そして、正確に把握するには、なんといっても**図を描く**ことです。

他資格試験の問題を解くことで、図を描くことにも慣れていきましょう。

「事例問題」はこう対策する！

1 合格をかなえる勉強法
2 憲法
3 行政法
4 民法
5 基礎法学
6 一般知識・商法・会社法

対策① 問題演習の経験値を上げていく

他資格試験
の過去問

行政書士試験
の過去問

公務員試験
の過去問

対策② 人物関係の図を描く習慣をつける

【問題】

Aが所有する甲土地につき、Aの長男BがAに無断で同人の代理人と称してCに売却した（以下「本件売買契約」という。）。この場合に関する次の記述のうち、民法の規定および判例に照らし、妥当でないものはどれか。 　　　　　　　　　　　　（2016年　問28）

1. Aが死亡してBが単独相続した場合、Bは本人の資格に基づいて本件売買契約につき追認を拒絶することができない。 　　　　　　　　　　　　（本肢は妥当）

この問題の選択肢1を
図にすると
右のようになります

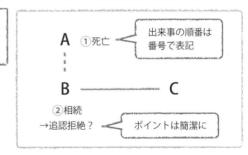

A 　①死亡　← 出来事の順番は番号で表記

B ――――――― C

②相続
→追認拒絶？　← ポイントは簡潔に

チェックポイント

民法の択一式の勉強のコツ

①公務員試験の過去問 ⇒ 行政書士試験の過去問 ⇒ 他資格試験の過去問といったステップを踏み、問題演習の経験値を上げていく

②事例問題は、図を描く練習を徹底する

04 勉強法❹

民法の記述式は
どう勉強する？

「聞かれていることを正確につかみ、
端的に答える」を徹底的に意識しましょう

記述式の出題傾向

民法の記述式問題の中心は、**事例を設定したもの**です。

さらに最近は、**条文をそのまま書かせるような問題**も出されるようになっています。

条文を書かせる問題については、やはり日々の勉強において、**どれだけ条文を読んでいるかが攻略のポイント**です。

事例を設定した問題は、択一式同様、**人物関係の把握**が大切です。ここを読み違えると、解答がピント外れな内容になってしまいかねません。

聞かれていることに、きちんと答える

そして、事例を設定した問題について、人物関係の把握と同じくらい大切なのは、**「何を聞かれているかを正確につかんで、端的にそれに答える」**ということです。

じつは出来がよくない記述式の答案の大半は、これができていないのです。

どういうことかというと、「明日どこに行きたい？」と聞かれているのに、「今日は眠いなぁ」と答えているような答案が多いのです。これでは会話が成立しませんよね。

記述式の問題は、試験委員からあなたに宛てたラブレターです。

ですから、まずは相手が何を聞いているかをきちんと把握する。そして、聞かれていることに端的に答えることを意識する。これが欠かせないのです。

そのためには、やはり図を正確に描けるようにしておくことです。

このように、民法の記述式では、民法の総合力を試す問題が出されます。

だからこそ、**記述式の過去問を見ることで、あなたの民法の総合力を高める練習ができる**のです。

1 合格をかなえる勉強法
2 憲法
3 行政法
4 民法
5 基礎法学
6 一般知識・商法・会社法

◎ 民法の記述式問題を見てみよう！

【問題】
次の【事例】において、Xは、Yに対して、どのような権利について、どのような契約に基づき、どのような請求をすることができるか。40字程度で記述しなさい。 （2009年 問45）

【事例】
　A（会社）は、B（銀行）より消費貸借契約に基づき金銭を借り受け、その際に、X（信用保証協会）との間でBに対する信用保証委託契約を締結し、Xは、同契約に基づき、AのBに対する債務につき信用保証をした。Xは、それと同時に、Yとの間で、Aが信用保証委託契約に基づきXに対して負担する求償債務についてYが連帯保証する旨の連帯保証契約を締結した。AがBに対する上記借入債務の弁済を怠り、期限の利益を失ったので、Xは、Bに対して代位弁済をした。

1 聞かれていることを整理する

この問題の主役を取り違えないように人物名を○や△で囲む

Ⓧ は ／Ｙ＼ に対して

聞かれていることにきちんと答えるため問われた内容に番号をつけて書き出す

❶ どのような権利？
❷ どのような契約？
❸ どのような請求？

2 図に描いてみる

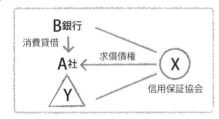

ＸＹ間で締結した契約は、連帯保証契約である （②契約）
　↓
この契約はXのAへの求償債権について締結したものである （①権利）
　↓
XはYに対して連帯保証契約に基づき、保証債務の履行を請求する （③請求）

〔解答例〕

A	に	対	す	る	求	償	債	権	に	つ	い	て	、	連
帯	保	証	契	約	に	基	づ	き	、	保	証	債	務	の
履	行	を	請	求	す	る	こ	と	が	で	き	る	。	

（44字）

📖✍ チェックポイント

民法の記述式の勉強のコツ

①聞かれていることに、端的に答えることを意識する
②記述式問題は、「試験委員からのラブレター」であると意識する

05 未成年者の法律行為は認められている？

未成年者の法律行為には、
親権者の同意が必要です

ユウスケさん一家の登場です！

ここからは民法の内容の説明をしていきます。

せっかくですので、モデルになる家族に登場してもらいましょう。

神奈川県横浜市に住む、会社員のユウスケさん（45歳）とその妻カナさん（44歳）。2人の子どもは、リナさん（22歳）とハルマくん（16歳）です。

ユウスケさんのご両親は2人とも健在で、千葉県匝瑳市に住んでいます。カナさんのご両親も健在ですが、登場人物が多くなると大変なので、今回は登場させないことにしました（笑）。

16歳のハルマくん、親に内緒で高級自転車を購入

高校生のハルマくんは、中学校入学の際に買ってもらった自転車が3年間の自転車通学でかなり傷んできたので、新しいのが欲しいなと思っています。

じつは中学生のころから、高校生になったら、イタリアの自転車メーカー、ビアンキの高級ロードバイクが欲しいと思っていたハルマくん。お小遣いを節約したり、お年玉をせっせと貯めたりして軍資金をつくっていました。

ということで、ハルマくんはある日、東京・青山にあるビアンキのお店にひとりで行き、両親に相談することなく、ついにロードバイクを購入しました。

それを知ったお父さんのユウスケさんはビックリです。なにせ1台10万円以上する自転車ですからね。

「高校生が乗る自転車としては高すぎるだろう」と思ったユウスケさんは、ハルマくんに対して「親に相談せずに、そんな高い物を買って!!」とお説教をし、今すぐお店に行って返品してくるよう言いました。

では、ユウスケさんが意図した通りに、返品は可能なのでしょうか？

◎ **未成年者ができること・できないこと**

このケースを図に描いてみると…

親権者（ユウスケさん）

同意なし

売買契約 ⟷

未成年者（ハルマくん）　　自転車屋さん

2022年4月1日から、
成人年齢が
18歳になりました。
それにより、18歳未満が
未成年者にあたります

未成年者が、親（親権者）の同意なく買い物をした場合、
親権者はそれを取り消すことができるか？

⬇

親権者は、取り消すことができる。
また未成年者本人も、取り消すことができる

最初から
「買っていない」ことに
できるのですね

> **民法5条1項**
>
> 未成年者が法律行為をするには、その法定代理人の同意を得なければならない。ただし、単に権利を得、又は義務を免れる法律行為については、この限りでない

> **民法5条2項**
>
> 前項の規定に反する法律行為は、取り消すことができる

親権者のユウスケさんは
「取消し」のほか、
「追認」もできます

追認とは
その未成年者の行為を
後から認めることです

📖✏️ **チェックポイント**

未成年者の法律行為は取り消せる？

①未成年者は、親権者の同意なく契約をしてはならない
②同意なく契約した場合は、親権者だけでなく、未成年者本人も取り消すことができる

1 合格をかなえる勉強法
2 憲法
3 行政法
4 民法
5 基礎法学
6 一般知識・商法・会社法

「勘違いで買ったので、なかった ことにして」は認められる？

重要度 ★★★

原則、認められますが、
動機の錯誤の場合は取消しを主張できません

運命の出会い？

妻のカナさんの趣味は陶芸品収集。そのための骨董屋さんめぐりを欠かしません。

ある日カナさんは、たまたま立ち寄ったお店に飾られていた陶芸品に一目ぼれします。

「これ絶対に、柿右衛門のだわ！」

そう思ったカナさんは、お店の人に猛アタックをかけ始めました。

「ぜひ、これを売ってください！　いや、買いたいです！　お願いします！」

カナさんの勢いに押されたお店の人は、商品ではなかったその陶芸品を、カナさんの言い値で売ってあげました。

お金を返してもらえるカナ？

カナさんは自宅に持ち帰った後、よせばいいのに知り合いの鑑定家にその陶芸品を鑑定してもらいました。

そして、よくある話ですが、それは柿右衛門でもなんでもない、その辺の素人の作品だとする鑑定結果が出てしまったのです。じつは、置いてあった骨董屋の経営者が趣味でつくった陶芸品でした。

カナさんは、柿右衛門の作品でなければ買いませんでした。柿右衛門と勘違いしたから、「買う」と言ったのです。こうした勘違いによる意思表示を**錯誤**といいます。中でも、今回のように、「柿右衛門だから買いたい」と意思表示したものの、そもそもの動機のところで勘違いしてしまった場合を、**動機の錯誤**といいます。

動機の錯誤をしてしまったカナさんは、それを理由にお店にこの陶芸品を返し、お金を取り戻すことができるのでしょうか？

◎ **動機の錯誤は取消しを主張できる？**

> このケースを図に描いてみると…

動機の錯誤

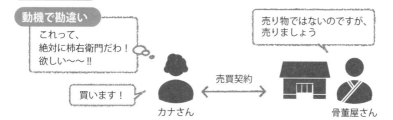

動機で勘違い

これって、
絶対に柿右衛門だわ！
欲しい〜〜‼

売り物ではないのですが、
売りましょう

買います！

カナさん ← 売買契約 → 骨董屋さん

民法では、動機の錯誤による意思表示についてどう処理されるのか？

原則

動機の錯誤による意思表示は、取消しができない。つまり、この場合、カナさんはこの売買契約を当然に取り消すことはできない

例外

表意者が相手方に法律行為の基礎とした事情を表示していたときだけ取消しができる。つまり、この場合、カナさんが骨董屋さんに「柿右衛門だから欲しい」と伝えていた場合は、売買契約を取り消すことができる

民法95条3項

錯誤が表意者の重大な過失によるものであった場合には、次に掲げる場合を除き、第1項の規定による意思表示の取消しをすることができない。
一　相手方が表意者に錯誤があることを知り、又は重大な過失によって知らなかったとき。
二　相手方が表意者と同一の錯誤に陥っていたとき。

チェックポイント

動機の錯誤は、ここを押さえる

①動機の錯誤は、原則取消しができない
②法律行為の基礎としていた事情を相手方に表示していた場合は、取消しができる

1 合格をかなえる勉強法
2 憲法
3 行政法
4 民法
5 基礎法学
6 一般知識・商法・会社法

代理権を持たない人が
代理で行った契約の効力は？

こうした行為の効果は、
本人に帰属しません

弟のユウジロウさんが登場

ユウスケさんの両親は、千葉県匝瑳市で健在です。

ユウスケさんには5歳下の弟のユウジロウさんがいます。

このユウジロウさんが、ちょっと困った人で、昔からいろいろやらかして
くれていました。

お父さんの土地を勝手に売ってしまった？

ある日、ユウスケさんのところにお父さんから電話がかかってきました。

「いや、ユウジロウが**私の名義の土地を勝手に人に売っちゃってたんだよ**」

「えっ!?　どういうこと？」

このお父さんの言葉に、ユウスケさんビックリです。

「それがさぁ、父の代理だとかなんとかうまいこと言って……。そしたら相
手もまたすっかり信じちゃって……。まぁ、なんだ、ユウジロウもあれであ
れだからな」

最後のあたりは何が言いたいのかよくわかりませんでしたが、お父さんか
らの電話の内容を整理すると、「弟のユウジロウさんが勝手に父の**代理**だと
名乗って、お父さんの土地を売っちゃった」ということのようです。

お父さんは土地を手放さないといけないのか？

代理権を持たない人が、勝手に本人の代理を名乗って、相手方と契約を結
ぶことを**無権代理**といいます。ユウジロウさんが行ったのは、まさにこの無
権代理の行為です。

では、こうした無権代理の行為によって、お父さんは自分の土地を手放さ
なければならないのでしょうか？

◎ 無権代理の行為は、どう扱われる？

> このケースを図に描いてみると…

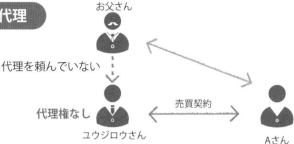

無権代理

お父さん

代理を頼んでいない

代理権なし
ユウジロウさん

売買契約

Aさん

民法では、無権代理による契約についてどう処理されるのか？

原則

無権代理による契約は、本人に効果帰属しない。つまり、この場合、お父さんは土地を手放さなくて済む

例外

本人が追認した場合、契約は、本人に効果帰属する。つまり、お父さんが後から、「売ってOK」と言った場合は、この契約は成立する

民法113条1項

代理権を有しない者が他人の代理人としてした契約は、本人がその追認をしなければ、本人に対してその効力を生じない

民法116条本文

追認は、別段の意思表示がないときは、契約の時にさかのぼってその効力を生ずる

チェックポイント

無権代理の行為の効力は？

①無権代理は、本人に効果が帰属しない
②本人が追認した場合は、最初から有効な代理行為だったと扱われ、本人に効果が帰属する

1 合格をかなえる勉強法
2 憲法
3 行政法
4 民法
5 基礎法学
6 一般知識・商法・会社法

08 お金の回収を忘れてた！時効はいつ成立する？

債権は行使できる時から一定期間行使していない
と相手から消滅したと主張されてしまいます

じつはお人好しなユウジロウさん

　ユウジロウさんはいろいろやらかす人ではあるのですが、根はお人好しです。

　「まぁ向こうもいろいろと大変だと思うからさぁ」

　と言いながら、貸したお金の回収はしょっちゅう先延ばしにしています。

タンスから出てきた契約書

　「何よこれ!?」

　ある日、タンスの整理していた妻のサヤさんは思わず声をあげました。ユウジロウさんがコレクションしている昭和家電の一部をマニアに売却した際の売買契約書が出てきたのです。総額 200 万円と、ちょっとした金額です。

　「売るのは勝手だけど、このお金、まだ払ってもらってないわよね」

　そうです、この売買契約書によると代金の支払い日はかなり前なのに、支払われた形跡がありません。

　「これ払ってもらったの？　まさかまた忘れてるんじゃないでしょうね」

　ユウジロウさんも、思わず声をあげました。

　「あーっ！　これ、お金もらうの忘れてたぁ」

　ユウジロウさんの顔を見ながら、サヤさんはため息まじりに呟きました。

　「今からでも払ってもらいたいけど、これ時効とか大丈夫なのかしら？」

ユウジロウさんは 200 万円を回収できるのか？

　今回サヤさんが心配しているのは、一定期間の経過により権利を消滅させることができる制度である「消滅時効」のことです。民法ではどのくらいの期間の経過で権利が消滅するとしているのでしょうか。

1 合格をかなえる勉強法

2 憲法

3 行政法

4 民法

5 基礎法学

6 一般知識・商法・会社法

◎ 消滅時効ってどんな制度？

> **民法166条1項**
>
> 債権は、次に掲げる場合には、時効によって消滅する
> 一 債権者が権利を行使することができることを知ったときから5年間行使しないとき
> 二 権利を行使することができるときから10年間行使しないとき

時効までの期間

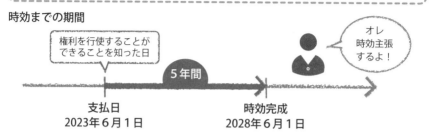

※ユウジロウさんの権利が消滅するためには、相手が「時効の援用（民法145条）」をすることが必要である。これは時効の利益を受けることを潔しとしない当事者の意思を尊重するためである。

> **民法145条**
>
> 時効は、当事者（消滅時効にあっては、保証人、物上保証人、第三取得者その他権利の消滅について正当な利益を有する者を含む）が援用しなければ、裁判所がこれによって裁判をすることができない

時効の完成猶予

ゼロから改めて時効進行
（10年間／民法169条1項）

完成猶予
6ヵ月

メールした

何もしなかったときの
時効完成日

訴えてやる

勝ったぞ！

チェックポイント

消滅時効のポイント

①消滅時効は一定期間の経過により権利を消滅させる制度である
②時効の効果を発生させるためには、援用が必要
③消滅させないためには、時効の完成猶予・更新制度を活用する

共有物はどうやって
管理したらいい？

共有物の管理について 2023 年 4 月から
改正法が施行されています

押入れの中から出てきたのは

　ユウスケさんは断捨離にハマっています。時間ができると、せっせと押入れの中を整理するのが最近の日課です。そんなある日のこと、ユウスケさんがタンスの中を整理していると、見覚えのない古ぼけた箱を見つけました。

「あれ？　こんな箱あったっけ？」

　箱の中からは、古い土地の権利証が出てきました。見ると、ユウスケさんのおじいさんの名前が土地の権利者として書かれています。ただ、おじいさん1人で所有しているわけではなく、権利者が総勢20名もいます。

「うわ！　めんどくせーな、おい」

　思わず心の声が出てしまったユウスケさんでした。

父親に確認したところ

　ユウスケさんは千葉県匝瑳市（そうさ）に住む自分の父親に聞くことにしました。話を聞いた父親は「あーそれなぁ。おじいさんの権利がごく僅（わず）かなものだから、ほっといたんだよ」と、その土地のことは知っていたようです。

「たしかに持分20分の1じゃ、ないのと同じだよね」

　ユウスケさんも、とりあえず放置しておくことにしました。

　それから数日後、ユウスケさんの父親の元に一通の手紙が届きました。その手紙には、例の土地を3年間賃貸に回したいということと、そのために所在がわかっている共有者やその家族に手紙を送っている、この手紙を受け取った場合は賛成か反対かを教えてほしい、ということが書かれていました。

「めんどくせーなー、もう」

　こういうときはやはり親子です。返事をすることもありませんでした。

◎ 共有ってどんな制度?

●共有とは…
　数人でひとつのものを所有すること

民法249条1項

共有者は共有物全体をその持分に応じて使用できる

土地を 3 年賃貸に回す、というのは
「管理」にあたります（民法 252 条 4 項）

変更	共有者全員の同意	・土地の形状の変更 ・共有物の処分
管理	各共有者の持分に従い、その過半数の同意	・共有物の使用方法の決定 ・短期の賃貸借（例：土地 5 年以内） ・管理者の選任・解任 ・大規模修繕 ・軽微な変更

ユウスケさんの父親のように賛否を明らかにしてくれない
共有者を除いて決定することを裁判によって
認めてもらうことができます（民法 252 条 2 項）

📖✍ チェックポイント

共有物の管理のポイント

・管理行為は共有者の持分の価格の過半数で決めることができる
・共有物の形状又は効用の著しい変更を伴わないものも管理行為となった
・共有者の一部が所在不明又は賛否不明である場合の特例が新設された

1 合格をかなえる勉強法
2 憲法
3 行政法
4 民法
5 基礎法学
6 一般知識・商法・会社法

別荘を買ったら焼失していた！契約はどうなる？

従来は原始的不能の契約は無効とされていましたが、
改正により有効とされることになりました。

ユウスケさん別荘を買う

　ユウスケさんはNFTの取引で、いい感じに利益を出すことができました。そこで、妻のカナさんと話し合って、北海道北広島市に別荘を買うことに。
「これでシンジョウ監督をしょっちゅう見に行けるね」
　2人ともシンジョウ監督の大ファンなのです。
　次の日、不動産屋の営業マンから気になっていた物件の話が聞けました。室内の写真をたくさん見せながら、間取りの説明をする営業マン。そのうちに、ユウスケさんはすっかり惚れ込んでしまったのです。
「よし、こういうのは出会いだから、買っちゃおう」

大ショックな出来事が!?

　ユウスケさんとカナさんは、その後まもなく購入の契約を締結しました。
「早く別荘に行ってみたいね」
「行ったときは、球場まで歩いて、どのくらいかかるかも確認しようね」
　そんな会話に心が躍ってエンジョイなユウスケさんとカナさん。
　ところが数日後、気になるニュースを目にします。それは購入した別荘の近くの建物で大きな火災があり、周りの建物にもかなりの被害が出たというもの。しかもその火事は、今回の購入契約締結の前日だったのです。
「まさかうちにも被害が出ていたりしないよな」
　札幌に住む知人に頼んで現地を見に行ってもらったところ、なんとユウスケさんたちが買った別荘もその火事で全焼していました。ユウスケさんとカナさんが購入したのは、すでに火事で全焼した後の建物だったのでした。

◎ 原始的不能とは？

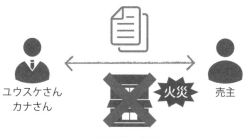

②別荘の売買契約

ユウスケさん
カナさん

火災

売主

①別荘は焼失

契約締結時にすでにその建物を引き渡すことができない
状態（履行不能）にある＝原始的不能という

※「原始的」は、「もともと初めから」という意味で使っている

民法412条の2第2項

契約に基づく債務の履行がその契約の成立のときに不能であったことは、第415条の規定によりその履行の不能によって生じた損害の賠償を請求することを妨げない

◎ 原始的不能の場合、契約はどうなるか

民法では、原始的不能の場合でも、契約は無効とはならない
（有効に成立する）

・売った側は目的物を引き渡すことができない
・買った側は損害賠償請求をすることができる（契約を解除することもできる）

📖✍ **チェックポイント**

原始的不能の契約のポイント

・契約は有効である
・履行不能として処理する

1 合格をかなえる勉強法

2 憲法

3 行政法

4 民法

5 基礎法学

6 一般知識・商法・会社法

11 債権❷

譲ってもらう予定の絵が灰に！
責任は問える？

重要度 ★★★

履行遅滞中の履行不能は改正により
条文が新設されています

カナさん、友人宅の絵に一目惚れ

カナさんは友人のユキさんの家に飾ってあった絵に一目惚れしました。「これ素敵ね〜」などと遠回しに「欲しいアピール」をしてみたのですが、もちろんまったく伝わりません。帰宅したカナさん。その夜、夢にまでその絵が出てきたこともあり、思い切って翌日ユキさんに電話をしました。

「ユキの部屋に飾ってあった絵があるじゃない？　あれ、何だかとても気に入ってしまって。もしダメじゃなければ、譲ってほしいなと思って……」

「いいよ〜、じゃあ今度の日曜にカナの家まで持って行くね」

まぁ、言ってみるものです。あっさり話はまとまりました。

そして約束の日がきました。朝からカナさんはソワソワしています。

「せっかく持ってきてくれるんだから、ケーキくらい用意しないとね」

カナさんはお気に入りの老舗洋菓子店でモンブランを買ってきていました。

約束は延期となり、絵は灰に

「どうしたのかな？」

約束の時間になりましたが、ユキさんはやってきません。時間はどんどん過ぎていきます。結局その日、カナさんの家にユキさんはやってきませんでした。じつはユキさんはカナさんとの約束をすっかり忘れて、登山をしていたのです。約束を思い出したのは、下山した後でした。

「ほんとごめんね。あらためてあさって持って行くからね」

そんなユキさんに呆れながらも、カナさんはリスケに応じました。

ところが、その約束の日の前日、ユキさんの家は隣家の火災に巻き込まれて全焼してしまいました。もちろん、絵も灰になってしまったのです。

1 合格をかなえる勉強法

2 憲法

3 行政法

4 民法

5 基礎法学

6 一般知識・商法・会社法

◎ 段階に分けて考えてみよう

①ユキさんが最初の約束の日に絵を持って行くのを忘れた段階
　➡ユキさんの **履行遅滞**

②次の約束の日の前日に火事で絵が燃えてしまった段階
　➡ユキさんもカナさんも帰責事由がない状況で **履行不能**

413条の2第1項

債務者がその債務について遅滞の責任を負っている間に当事者双方の責めに帰することができない事由によってその債務の履行が不能となったときは、その履行の不能は、債務者の責めに帰すべき事由によるものとみなす

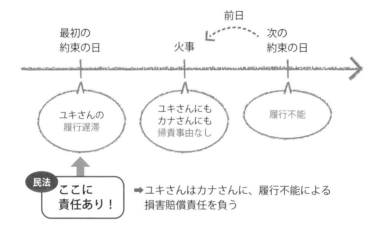

チェックポイント

履行遅滞中の履行不能のポイント

・履行遅滞は債務者に責任がある
・履行不能は当事者双方とも責任がない
・その履行不能の責任は「債務者」が負う

12 債権③ 重要度 ★★★

契約後、引渡し前の物件が焼失！
支払いは拒める？

危険負担に関する規定は改正により
大幅リニューアルされました

ユウスケさん、再び北広島市へ

　ユウスケさんは前回の別荘購入時に、契約前日に燃えてしまうという苦い経験をしましたが、やはり別荘を北広島市に購入したいと考えていました。

「今度は現地に行って、物件を実際にこの目で確かめてから購入しよう」

　北広島市の地元の不動産屋にアポを取ったユウスケさんとカナさんは、いくつかの物件を紹介してもらいました。

　カナさんが気に入った物件は予算を少々オーバーしていましたが、ユウスケさんも気に入ったことから、最終的にその物件に決めたのです。

　売買契約を締結し、いよいよ建物の引渡し日が近づいてきました。ユウスケさんとカナさんは引渡し予定日の2日前から現地入りして準備万端です。

不吉な予感が2人を襲う

　引渡し日の前日は大荒れの天気でした。雷鳴が轟き、何だかこの世の終わりのような雰囲気です。そのとき、不意に不動産屋から着信がありました。

「大変です！　雷が落ちて例の物件の辺りで数件炎上しているそうです！」

　嫌な予感がした2人はタクシーを呼び、現地に行ってみました。

そして再び履行不能に

　現地に到着した2人が目の当たりにしたものは、明日引き渡される予定だった物件が激しく燃える光景でした。驚いて声も出せないユウスケさんとカナさんに、不動産屋がさらに追い打ちをかけることを伝えてきました。

「災難でしたね……。しかし、売主さんにも確認したところ、契約は成立したので代金は予定通り払って欲しいとのことです。心苦しいのですが」

1 合格をかなえる勉強法
2 憲法
3 行政法
4 民法
5 基礎法学
6 一般知識・商法・会社法

◎ 危険負担とは?

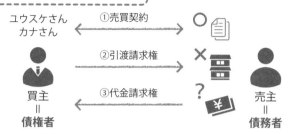

> このケースを図に描いてみると…

ユウスケさん
カナさん

①売買契約

買主
＝
債権者

②引渡請求権

③代金請求権

売主
＝
債務者

※当事者双方とも帰責性がなく引き渡しができなくなったときの処理のルール＝危険負担

民法536条1項

> 当事者双方の責めに帰することができない事由によって債務を履行することができなく
> なったときは、債権者は、反対給付の履行を拒むことができる

債権者（ユウスケさんとカナさん）は、「反対給付の履行を拒める」
※この反対給付というのは、建物の引渡しに対して代金を支払うこと

つまり

**ユウスケさんとカナさんは、売主側が代金の支払いを求めてきたとしても、
それを拒むことができる**

> 準備が整い次第、
> ユウスケさんとカナさんは
> この契約を解除することも
> できます

📖 チェックポイント

危険負担のポイント

・債務者に帰責事由がある場合は、債務不履行による損害賠償責任が問われる
・債権者に帰責事由がある場合は、反対給付の履行を拒むことはで
　きない（536条2項）
・当事者双方に帰責事由がある場合は、反対給付の履行を拒むこと
　ができる（536条1項）

13 債権❹

プレゼントの口約束は解除できる？

重要度 ★★★

書面によらない贈与は
原則どちらからでも解除できます

リナさんのリクエスト

　リナさんの彼氏は今月のバイト代がいつもより多く入りそうだったので、リナさんに何かプレゼントをしたいなと考えていました。とはいえ、どうせ買うならリナさんが欲しいものがいいよな、とも思ったリナさんの彼氏。何が欲しいのかをリサーチしてみることにしました。

「今月からはバイト代が多く入りそうなんだよ」

「確かにバイト頑張ってたもんね」

「それでさ、リナが欲しいものを買ってあげたいなと思ってさ」

「えーいいの？　じゃあ前から欲しかったあの口紅が欲しいな」

「OK。じゃあそれをプレゼントするよ」

そして彼氏は途方に暮れる

　いよいよやってきたバイト代の振込みの日。リナさんの彼氏は期待に胸を膨らませてオンラインバンクの口座を確認しました。

　でも実際の振込額を見て、リナさんの彼氏は顔が真っ青になってしまいました。期待していた金額よりもはるかに少ない額が振り込まれていたのです。

　何かの間違いではとバイト先に電話すると、経営不振でバイト代の支払いも遅れてしまうため、今月分の半分以上が来月以降に振り込まれることになったとのこと。これでは、リナさんの彼氏がリナさんに口紅を買ってあげることは厳しそうです。

「困ったなぁ」

　リナさんの彼氏は、約束をなかったことにできるでしょうか。

　なお、リナさんと彼氏がしたプレゼントの口約束は、民法上「**書面によらない贈与**」といいます。今回のようなケースを、民法はどう処理するのでしょう。

1 合格をかなえる勉強法

2 憲法

3 行政法

4 民法

5 基礎法学

6 一般知識・商法・会社法

◎ **書面によらない贈与とは?**

このケースを図に描いてみると…

彼氏　　**書面に　　　　リナさん**
　　　　よらない贈与

口紅を
プレゼントする

ありがとう♡

民法550条

書面によらない贈与は、各当事者が解除をすることができる。ただし、履行の終わった部分については、この限りでない

読み解く

● **「書面によらない贈与」はどちらからでも解除できる**

➡贈与する側（贈与者）からの解除だけでなく、贈与される側（受贈者）からの解除もできる

● **履行が終わった部分は解除ができない**

➡動産は「引渡し」の有無で判断する

不動産は、「引渡しまたは移転登記」の有無で判断する

今回のプレゼントの
口約束は、どちらからでも
解除できます

チェックポイント

書面によらない贈与のポイント

・贈与者・受贈者とも解除ができるのが原則である

・履行が終わった部分は解除できない

14 債権⑤

重要度 ★★★

新品を買ったら不良品！
どんな請求ができる？

改正により契約不適合責任に関する規定が
設けられています

カナさんはコーヒー好き

カナさんはコーヒーが大好きです。1日10杯も飲むので、娘のリナさんからも「お母さん飲み過ぎだよ」と注意される始末。

いつもコーヒーメーカーでコーヒーを楽しんでいます。

そのコーヒーメーカーの調子が最近悪いことが多いため、カナさんは思い切って買い替えることにしました。

新品なのに動かない！

そしていよいよ新品のコーヒーメーカーが届きました。

箱から出してセッティング完了。

やはり最新のコーヒーメーカーはいい感じです。

「試しにスイッチ入れてみよっと」

カナさんはさっそく動かしてみようとしたのですが、まったく動きません。

使い方を間違えたかと思い、説明書をもう一度読みながらやってみたのですが、やっぱり動きません。

「え〜っ、新品買ったのに、いきなり不良品ってひどくな〜い？」

約束と違うとき

確かにこれではカナさんが怒るのも無理はありませんね。

契約内容に適合しない物を売った側（売主）が引き渡したような場合、**売主は債務不履行責任を負わされます**。その結果、買った側（買主）から一定の対応を求められることになります。

◎ 追完請求とは？

この ケースを図に描いてみると…

買ったものが
不良品

メーカー

カナさん

修補、代替物の要求
（履行の追完請求）

売主

新品を買ったにもかかわらず不良品だったので、
買主は売主に一定の対応を求められます

民法562条

引き渡された目的物が種類、品質又は数量に関して契約の内容に適合しないものである
ときは、買主は、売主に対し、目的物の修補、代替物の引渡し又は不足分の引渡しによ
る履行の追完を請求することができる。ただし、売主は、買主に不相当な負担を課する
ものでないときは、買主が請求した方法と異なる方法による履行の追完をすることがで
きる
2　前項の不適合が買主の責めに帰すべき事由によるものであるときは、買主は、同項
の規定による履行の追完の請求をすることができない

➡カナさんは修補を求めてもいいし、代替物の引渡しを求めてもいい

➡カナさんは売主に対して、損害賠償請求や契約の解除もできる（民法564条）

➡「品質」に関するトラブルなので、カナさんがコーヒーメーカーが動かないことを知った
　ときから1年以内に、「壊れて動かない」ことを通知することが必要（民法566条）

📖✍ チェックポイント

契約不適合責任のポイント

・不適合の発生は原始的・後発的と問わない
・買主に帰責事由がある場合はこの責任を追及できない
・売主に帰責事由があるかどうかは問わない

重要度 ★★★

賃貸借契約での「敷金」の ルールはどうなっている？

敷金の目的は、賃料等の担保です。
契約終了後、物件を明け渡した後に返還されます

リフォーム工事の間、仮住まいが必要に

　自宅をリフォームすることにしたユウスケさん。工事が行われている間、一家は仮住まいが必要になりました。

　そこでユウスケさんは、家の近くに家族4人が暮らすのにちょうどよい賃貸アパートを探し始めました。今はインターネットで物件が探せるので、便利ですね。

　何日かサイトを見ているうちに、気になる物件を見つけたので、さっそく不動産屋さんに連絡しました。

「敷金」は何のために預ける？

　内見（物件を見学すること）にも行き、「これだったら仮住まいにいいね」と気に入ったユウスケさんとカナさん夫婦は、その物件を借りることに。

　そこで、仲介してくれた不動産屋さんで、担当者から契約の内容についての説明を受けます。そこで出てきたのが「**敷金**」という言葉でした。

　敷金とは、アパートなどを借りる際に、賃料やその他債務を担保する目的で、借主（**賃借人**）から貸主（**賃貸人**）に預けておくお金のことです。

　たとえば、未払いの家賃があった場合、この敷金を充当することになります。

　しかし、「なんで敷金って払わなきゃいけないの……？」とユウスケさんの表情はさえません。家賃の2カ月分という出費は痛いものがあります。

　担当者から「部屋を退去するとき、敷金はほとんどお返しできますよ」と言われても、いまいち信じられません。

　敷金が戻ってこなかったどころか、クリーニング費用や修繕費用等でとんでもない金額を請求されたという敷金トラブルの話はよく聞きますからね。

　さて、敷金は本当に戻ってくるのでしょうか？

◎ 敷金の役割とは？

敷金の定義

いかなる名目によるかを問わず、賃料債務その他の賃貸借に基づいて生ずる賃借人の賃貸人に対する金銭の給付を目的とする債務を担保する目的で、賃借人が賃貸人に交付する金銭をいう（民法622条の2第1項）

敷金契約は
物件の賃貸借契約とは
別の契約です

敷金の返還義務

賃借人に対し、その受け取った敷金の額から賃貸借に基づいて生じた賃借人の賃貸人に対する金銭の給付を目的とする債務の額を控除した残額を返還しなければならない（民法622条の2第1項）

◎ 敷金を返してもらえるタイミングは？

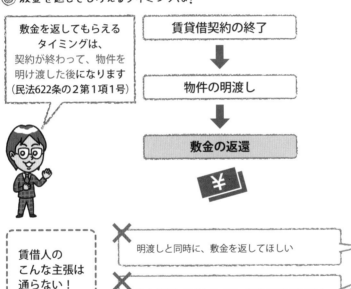

敷金を返してもらえる
タイミングは、
契約が終わって、物件を
明け渡した後になります
（民法622条の2第1項1号）

賃貸借契約の終了

↓

物件の明渡し

↓

敷金の返還

賃借人の
こんな主張は
通らない！

✕ 明渡しと同時に、敷金を返してほしい

✕ 敷金を返してくれるまで、建物を明け渡さない

賃借人

チェックポイント

敷金契約は、ここを押さえる

①敷金契約は、賃貸借契約とは別の契約である
②敷金の返還請求権は、物件を明け渡して初めて具体的に発生する

1 合格をかなえる勉強法
2 憲法
3 行政法
4 民法
5 基礎法学
6 一般知識・商法・会社法

16 債権⑦

重要度 ★★★

定期行為は
解除できる？

―――一定のときまでに履行しないと意味がない契約が
間に合わない場合、解除できます

成人式前日の悲劇

2年前、ユウスケさん一家の長女、リナさんが成人式を迎えたときのことです。親子ともども、成人式の日をとても楽しみにしていました。

当日の晴れ着は、すでに予約済みで、レンタル料金も払っていました。なので、後は当日を迎えるのを待つばかりでした。

そして、成人式の前日、予約をしたお店に晴れ着を受け取りに行ったお母さんのカナさんと娘のリナさん。そこで、衝撃の事実が発覚します。

なんと、そのお店の手違いで、リナさんの晴れ着が用意されていなかったのです!!

お店の担当者も平謝りしていましたが、晴れ着の用意は1週間後になってしまうという話でした。

お店との契約は解約できる？

慌てて電話をかけてきたお母さんのカナさんに、お父さんのユウスケさんはこう提案します。

「成人式当日に晴れ着を用意する契約だったにもかかわらず、1週間後になるというのでは、話にならない。そことは解約して、ほかを探そう」

ただ、お店側は、「晴れ着は、1週間後なら用意できる」と言っています。こうした場合、お店との契約をいきなり解約することはできるのでしょうか？　さらに解約した場合、すでに払ったレンタル料は返してもらえるのでしょうか？

このケースのような、一定の日時、あるいは一定の期間内に履行されなければ契約の目的を達成できない行為を**定期行為**といいます。民法では、こうした**定期行為は直ちに解除できる**としています（民法542条1項4号）。

1 合格をかなえる勉強法
2 憲法
3 行政法
4 民法
5 基礎法学
6 一般知識・商法・会社法

◎ 定期行為は解除できる

このケースを図に描くと…

定期行為

えーっ！
成人式は
明日ですよ！

レンタル料金
支払い済み

すみません！
着物の準備が
まだできておらず、
1週間後になって
しまうのですが…

契約内容の
履行遅滞

リナさん　お店

● 定期行為とは…

一定の日時、あるいは一定の期間内に履行されなければ、契約の目的を達成できない行為

定期行為において、履行遅滞（契約の履行が約束より遅れる）が起こった場合、その契約は解除できるか？

直ちに、契約を解除できる

この場合
もう契約を残しても
意味がないので、
解除ＯＫというわけです

民法542条1項4号

次に掲げる場合には、債権者は、前条の催告をすることなく、直ちに契約の解除をすることができる。
四　契約の性質又は当事者の意思表示により、**特定の日時又は一定の期間内に履行をしなければ契約をした目的を達することができない場合**において、当事者の一方が履行をしないでその時期を経過したとき

📖 チェックポイント

こんなとき、定期行為は解除できる

①定期行為とは、一定の日時、あるいは一定の期間内に履行されなければ契約の目的を達成できない行為
②定期行為に対して履行遅滞が起こった場合は、直ちに解除をすることができる

17 債権⑧

重要度 ★★★

双方に過失があった場合の 損害賠償額は？

「過失相殺」が適用されて 損害賠償額は減額されるのが原則です

ハルマくん、交通事故を起こす

ロードバイクを買ってもらってから2年後、息子のハルマくんは18歳になり、自動車の免許を取得しました。

そして、お父さんのユウスケさんと一緒に使うことを条件に、トヨタのプリウスを買ってもらいました。

友人からもうらやましがられ、ハルマくんもご機嫌です。毎日練習もかねてあちこちドライブに行っています。ただ、なにせハルマくんは免許を取ったばかりの初心者ドライバーです。もともとの性格もあるのか、どうも危なっかしい運転をする傾向がありました。

そんなある日の晩、運転をしていたハルマくんは、前方不注意で別の車と正面衝突してしまいます。幸いハルマくんはケガをしなかったのですが、相手の車の助手席に乗っていた男性が、腕の骨を折る重傷です。その人は、運転していた女性の彼氏でした。

相手も前方不注意があったんですが……

後日、ハルマくんは、その彼氏から治療代を請求されてしまいました。

ハルマくんとしては、その人が乗っていた車を運転していた恋人の女性にも前方不注意があったのだから、全額の賠償をさせられるのは勘弁してほしいと思っています。

故意（わざと）または過失（不注意）により他人の権利等を侵害し、損害を与えることを**不法行為**といいます。自動車事故も不法行為に当たります。

そして、不法行為の被害者には、**損害賠償請求権**が生じます（民法709条）。

では、このハルマくんのケースのように**お互いに過失があった場合、ハルマくんの支払う賠償額はどうなるのでしょうか？**

174

◎「過失相殺」の要件は?

このケースを図に描くと…

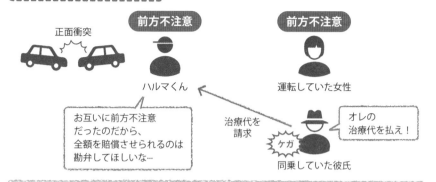

前方不注意　ハルマくん

正面衝突

前方不注意　運転していた女性

お互いに前方不注意
だったのだから、
全額を賠償させられるのは
勘弁してほしいな…

治療代を
請求

ケガ

オレの
治療代を払え!

同乗していた彼氏

運転していた人双方に過失がある場合、全額を賠償する必要はあるのか?

⬇

相手にも過失がある場合、賠償額は調整できる　過失相殺

─ 民法722条2項 ─
被害者に過失があったときは、裁判所は、これを考慮して、損害賠償の額を定めることが
できる

◎ ハルマくんは治療代金の全額を払う必要あり?

● ドライバーと同乗者が、身分上、生活関係上、「一体」といえるケース（た
とえば、夫婦など）は、ドライバーの過失は被害者側の過失とみなすこと
ができ、減額の主張が可能

● 恋人同士は、身分上、生活関係上の一体性がないので、運転していた女性
の過失を理由に、ハルマくんは賠償額の減額をすることはできない

⬇

ハルマくんは、治療代全額を払う必要あり

 チェックポイント

加害者に過失相殺が認められるのは?

①不法行為において、被害者に過失がある場合、加害者は過失相殺
を主張できる
②被害者側の過失が認定できるのは、被害者と身分上、生活関係上
一体とみなすことができる場合である

1 合格をかなえる勉強法
2 憲法
3 行政法
4 民法
5 基礎法学
6 一般知識・商法・会社法

夫婦別姓は日本では認められていない？

**日本では「夫婦同氏」がルール。
法律上、どちらかの名字に統一する必要あり**

リナさん、恋に落ちる！

　成人式でトラブルに見舞われた娘のリナさん。でも、なんとそれがご縁で「運命の相手」に出会います。

　「明日の成人式のための晴れ着を貸してください！」と駆け込んだ呉服屋で、いろいろと力になってくれたイケメン営業マンと、リナさんは恋に落ちてしまったのです。

　その後、交際を始めた2人は、その半年後には両方の親に紹介するまでの仲になっていました。

　それから数年、社会人になったリナさんは、ついにその人と結婚することになりました。

　両親のユウスケさんとカナさんは大賛成。「そうと決まったら、早く式場を決めなくちゃ！」と、本人たち以上に大はしゃぎです。

「結婚しても、名字を変えたくないんですけど……」

　ただ、リナさんは結婚するにあたり、ある不満を抱えていました。

　それは、「どうして女性のほうが名字を変えなくちゃいけないの？」。

　民法には、**「夫婦は夫か妻どちらかの『氏』に統一しなければならない」というルールを置いています（民法750条）。いわゆる夫婦同氏の原則**と呼ばれるものです。

　そしてほとんどの場合、夫の名字に統一しています。そのためリナさんが、「なんで女性のほうが？」と不満を持つのも無理はありません。

　もしリナさんが「これまでの名字のままでいたい」と強く望むなら**夫婦別姓**という選択肢があります。ただ、その場合、**婚姻届を出さず、内縁関係（事実婚**ともいいます）という形になります。

1 合格をかなえる勉強法

2 憲法

3 行政法

4 民法

5 基礎法学

6 一般知識・商法・会社法

◎ 夫婦同氏の原則とは?

結婚が決まった娘のリナさんだが…

なんで女性のほうが、
名字を変えなければいけないの？
不公平だわ〜‼

リナさん

夫婦の名字を統一しないと
いけないというルールを
採用しているのは日本だけです

夫婦同氏の原則

民法750条

夫婦は、婚姻の際に定めるところに従い、**夫又は妻の氏を称する**

最高裁判所の判断

● **夫婦同氏制は、個人の尊厳と両性の本質的平等の要請に照らして、**合理性を欠く制度であるとは認められない

↓

つまり、夫婦同氏の原則を認める判断

あなたは、この最高裁の
判断について、
どう思いますか？

 チェックポイント

夫婦同氏は合憲？

①民法では、夫または妻の「氏」を名乗らなければならないとされている
②近年の最高裁の判例でも、夫婦同氏について、「憲法上問題はない」と、合憲の判断をした

遺産分割は放っておいても問題ない？

改正により相続開始から10年以内に遺産分割を行わないと、原則特別受益等を主張することができなくなりました

20年間ほったらかし

　ユウスケさんの祖父は20年前に亡くなりました。とても厳格な人物ではあったのですが、孫のユウスケさんには激甘な祖父でもあったのです。

　それはともかく、ユウスケさんの父親は3人兄弟で、ユウスケさんの祖父が亡くなったときには、相続人はこの兄弟3人だけでした。20年経った今も、この3人は元気です。

「そういえば、おじいちゃんの家って今どうなってるの？」

　ある日のこと、ユウスケさんは何気なく父親にそんなことを聞きました。

「そういえば俺ら兄弟が誰も遺産分割に関心がなくて、何もしてないなぁ」

遺産分割はまだできる？

「でもたしか、最後老後の面倒は父さんが見ていたろ？」

「うん、他の2人が何にもやらないから俺が面倒見てたよ。あと兄さんは自宅のローンの頭金を父さんに出してもらっていたなぁ。1000万円も出してもらうなんて兄さんだけずるいなぁという話を今でもするよ」

　ユウスケさんが調べたところ、ユウスケさんの父親には「寄与分」というものが認められることと、ユウスケさんのおじに当たる人には「特別受益」が認められることがわかりました。

「父さん、一度ちゃんと遺産分割した方がいいんじゃないの？」

「そうだなぁ、今度会ったときに話してみるよ」

　そんな話をしてから少し経ったある日のこと、ユウスケさんは「遺産分割から10年以上経つと特別受益や寄与分を考慮することができなくなる」という話をネットニュースで目にしたのです。

◎ 遺産分割はいつまでに？

遺産分割は、相続開始から10年以内になるべく行うことを促す規定が施行された（2023年4月から）

> **●具体的には…**
> 相続開始から10年を経過した後にする遺産分割では、特別受益や寄与分の規定が適用されないというもの（民法904条の3）

◎ 施行前の相続にも適用される？

- 2023年4月1日より前に発生した相続についても適用される
- 経過措置として5年の猶予期間がある（少なくとも2028年4月1日までは特別受益や寄与分を考慮した具体的相続分での遺産分割ができる）

> **●ちなみに…**
> 2023年4月1日以降に発生する相続について、相続人全員が相続開始から10年以上経った後に行う遺産分割において、特別受益や寄与分を考慮した具体的相続分による分割を行うことに合意することは可能

◎ 特別受益と寄与分とは？

	特別受益	寄与分
場面	相続人の中に、被相続人から特別の財産的利益を受けた者がいる場合	相続人の中に、被相続人の財産の形成維持に特別の寄与をした者がいる場合
趣旨	相続人間の公平を図る	相続人間の公平を図る
対象	①遺贈 ②婚姻または養子縁組のための贈与 ③生計の資本としての贈与	①被相続人の事業に関する労務の提供または財産上の給付 ②被相続人の療養看護

📖✍ **チェックポイント**

遺産分割に関する新ルールのポイント

- 特別受益や寄与分を主張するなら原則相続開始から10年以内に遺産分割を行う必要がある
- 10年経過前に相続人が家庭裁判所に遺産分割請求をしていた時は特別受益や寄与分を主張できる
- 10年経過後であっても、共同相続人間で合意をすれば特別受益や寄与分を主張できる

1 合格をかなえる勉強法
2 憲法
3 行政法
4 民法
5 基礎法学
6 一般知識・商法・会社法

意味のある 過去問学習にするには

コラム

　資格試験における過去問の重要性について異議を唱える人はほとんどいないと思います。しかし、その利用法に関しては、誤解と怪情報に満ちあふれているのが現実です。

　たとえば、「過去問を10回以上解いた」と自慢げに話す受験生をしばしば見かけますが、失礼ながら、その人が必ずしも成績のよい受験生であるとは限りません。

　それどころか、何年経っても合格しないような人に限って、「過去問を20回解いたのに、本試験の問題が解けなかった」と言ったりします。もっとひどい人になると、「過去問なんてやっても意味がない」などと言い出します。

「過去問は何回解けば合格できる」という目安なんて、じつはありません。大切なのは「回数」ではなく、その「深さ」です。

　過去問とまったく同じ選択肢の構成で問題が出るというのであれば、20回、30回解けば、本試験でもその問題が解けるかもしれませんが、行政書士試験の場合、残念ながらそうではありません。

　ただ、この本でも繰り返し述べているように、本試験においては過去に出題された問題の一部の選択肢が、再度出題されることはあります。

　だからこそ、過去問は、問題単位で見るというよりは、選択肢単位で見ることが重要なのです。

　その際の学習法としては、誤りであるとされる選択肢を、どのように修正すれば正しい内容に変化させられるのかをしっかり把握することです。

　こうした学習ができているかどうかが、意味のある過去問学習になっているかどうかの見極めポイントになるのです。

　解いた回数にこだわるのは、今日からすっぱりやめましょう！

第 5 章

基礎法学

法律にまつわる基礎的な知識について
学んでいきましょう！

法の分類❶

法って何だろう？

国によって、「守ること」を
求められるルールが、「法」です

あなたの「マイルール」は何ですか？

　この章では、法令等科目のひとつである基礎法学を見ていきます。基礎法学は、法に関する基礎知識を扱いますので、学んでおくと法令等科目全般の理解に役立ちます。

　日々の生活では、守らなければならないルールがいろいろあります。

　たとえば、自分の中で決めている**マイルール**を持っている人もいるかもしれません。「夜9時以降、食事はしない！」みたいなやつです。

　こういったものは、あなたが「守る」か「守らない」かを決めることができます。守らないと、あなた自身が自己嫌悪に陥ることはあるかもしれませんが、ほとんどの場合、それ以上は何もありませんよね。誰かに罰を科せられることもたぶんありません（誰かにそうしてくれとお願いした場合は、別ですが……）。

誰かから「守ること」を求められるルールもある

　一方で、守ることを強制されるルールもあります。

　たとえば、学校には、**校則**をはじめとして、学校によって守ることを求められるルールがあります。会社には、**就業規則**など、その会社によって守ることを求められるルールがあります。

　さらに、日本で生活している以上、守らなければならないルールもあります。その代表例が**法律**です。これは**国家によって守ることを求められるルール**です。

　たとえば、交通ルールの多くは、**道路交通法**という法律によって決められています。そのルールに違反すると、その違反の内容によっては、**刑罰**の対象になってしまうこともあります。

◎ 社会にはいろいろな「ルール」がある

マイルール
夜の
ポテトチップスは
ダメ！

夜は絶対に、
ポテトチップスを
食べないぞ！

校則
廊下は
走らない！

こら〜
廊下を走るな‼

就業規則
労働者の
定年は
65歳とする

会社

法律
（例）道路交通法

制限速度

50

65歳までは
しっかり働いて
くださいね！

あなた、
制限速度を超えて
走っています！

ルールの中には
破ってもとくに罰せられないものと、
守らないと、内容によっては
罰せられるものとがあります

📖✏️ チェックポイント

法とマイルールの違いは？

①法は、マイルールと違い、国家によって守ることを求められるルールである
②法を守らない場合、刑罰が科せられることもある

1 合格をかなえる勉強法
2 憲法
3 行政法
4 民法
5 基礎法学
6 一般知識・商法・会社法

成文法と不文法って何？

まとまった文書になっているのが成文法、
そうなっていないのが不文法です

世の中には「ルール」があふれている？

前項で見たように、私たちの社会には、いろいろな形のルールがあります。

たとえば、自分の中で決めたマイルール。

これは、守れなくても、誰かに罰せられることはほとんどなく、せいぜい自分が落ち込むくらいという、ある意味、ゆるいルールでしたね。

会社や学校が守ることを求めてくるルールもたくさんあります。

この場合はマイルールより強制力が強く、守らないと何らかのペナルティーを科せられることもあります。

そのほか、前項では取り上げませんでしたが、「人としてこうあるべきだよね」という道徳のようなルールもあります。

「日曜日は安息日にしましょう」とか、「豚肉を食べてはいけません」といった、宗教から生まれたルールもあります。

「法」には2つのタイプがある

そして、国によって守ることが求められているルールが、**法**でしたね。

この場合、違反すると、その内容によっては、**刑罰**が科せられることもあるということはすでに触れました。

「法」と一口にいっても、それにはさまざまな分類があるって知っていましたか？　まず大きく、**成文法**（制定法と呼ぶこともあります）と**不文法**という分類があります。

成文法とは、**まとまった文書でつくられている法**のことです。先述の「道路交通法」のような法律が、成文法の典型例です。

近代国家における法の多くは、この成文法の形を取っています。もちろん日本も、成文法が中心の国です。

1 合格をかなえる勉強法

2 憲法

3 行政法

4 民法

5 基礎法学

6 一般知識・商法・会社法

◎ 法には大きく2つのタイプがある

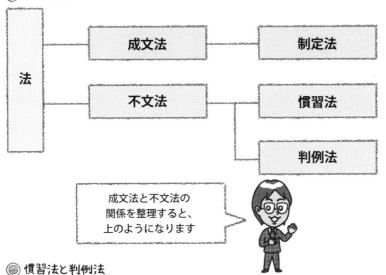

成文法と不文法の
関係を整理すると、
上のようになります

◎ 慣習法と判例法

不文法の種類

① 慣習法

ある社会の習わし（慣習）が、単なる習わしとしての効力を
超えて、国家権力による強制力を持つに至ったもの

② 判例法

裁判所の判例が積み重なって、
法としての効力を持つに至ったもの

慣習法の例として
「官報による法律の公布」
（196 ページ参照）があります

チェックポイント

成文法と不文法

①成文法とは、まとまった文書でつくられている法のこと
②不文法には、慣習法や判例法といったものが存在する

一方、不文法とは、**まとまった文書の形を取っていない法**のことです。

長年の慣習がルールとして定着した**慣習法**や、裁判所が繰り返し同じような判断を積み重ねることで、ルールとして定着した**判例法**が、これに当たります。

こうした不文法は、言ってみれば成文法を補うように存在しているのです。

成文法は、どこが制定したかで種類分けされる

成文法は、「どこ」が制定したかによって、いくつかの種類に分類されます。

具体的には、**法律、政令、内閣府令、省令、条例**などです。

では、それぞれどこで制定されたのでしょうか。

「法律」は国会が制定したものになります。「政令」は**内閣**が制定したものです。「内閣府令」は**内閣総理大臣**が、「省令」は**各省の大臣**がそれぞれ制定したものになります。「条例」は地方公共団体の議会が制定した法です。

憲法に反する法は、その効力が認められない

そして、これらの法はどんな内容でもいいわけではありません。

じつは、**すべての法の頂点に「憲法」が存在**しています。関係性を図にすると、右ページの図のようなピラミッド型になると考えてください。

ということで、**憲法に反する法は、法としての効力が認められ**ていません。また、法律（つまり、国会で制定した法のこと）に反する政令、内閣府令、省令、条例も効力を有しないものとされています。

新しく制定された法律が優先される

それでは、国会が制定した複数の法律の間で、相互に矛盾した内容が定められている場合は、どう考えればよいのでしょうか？

この場合は、**時間的に新しく制定された法律のほうが優先**されます。

これを、**新法優先の原則**といいます。

◎ 「法のピラミッド」はこうなっている！

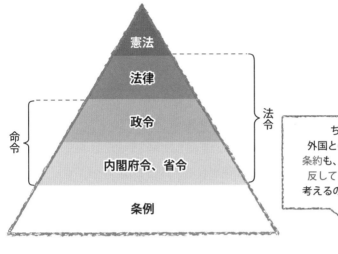

◎ 新法優先の原則とは？

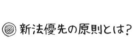

A法成立

B法成立

優先

時間

時間的に新しく制定された法律（ここではB法）が
古い法律（ここではA法）に優先する

📖✍ チェックポイント

法に関するルール

①憲法に反する法は、その効力が認められない
②新しく制定された法律は、それより前に制定された法律に優先する（新法優先の原則）

1 合格をかなえる勉強法
2 憲法
3 行政法
4 民法
5 基礎法学
6 一般知識・商法・会社法

03 法の分類❸

いろいろな法律の分類を知ろう

公法と私法、実体法と手続法、
一般法と特別法など、さまざまな分類があります

日本にはどのくらい法律があるんだろう？

日本には、どのくらいの数の法律が存在しているか知っていますか？

じつは、現在、約1,960もの法律が日本には存在しています。

ただ、さすがにこれは多いので、一定の視点に従って整理されています。そこでここでは、その代表的な分類の方法を紹介していきます。

公法と私法の違いとは？

代表的な分類方法は、公法と私法に分ける、というものです。

公法とは、「**国家と国家、国家と国民との関係などを定める法**」のことを指します。一方で、私法とは「**個人相互の関係を定める法**」のことを指します。

この観点から分類すると、**民法**は個人と個人の間の法律上のルールを定めている法律なので、私法に分類されます。

公法の代表例は、**憲法**です。

憲法は「**国家権力の濫用から国民の権利や自由を守る**」という大事な役割を担っています。これはつまり、国家と国民の関係を定めている法というわけです。そのため、公法に分類されるのです。

実体法と手続法の関係は？

ちょっと難しいかもしれませんが、こんな分類の方法もあります。

それは、**実体法と手続法**という分類です。

実体法とは、権利や義務等、法律関係の内容そのものを定めた法です。民法や商法などが実体法の代表例です。

たとえば、あなたが持っている時計を、友人に譲ってあげようとしたとします。その際、時計に対するあなたの権利（**所有権**といいます）を、どうす

1 合格をかなえる勉強法

2 憲法

3 行政法

4 民法

5 基礎法学

6 一般知識・商法・会社法

◎ 公法と私法

● 公法とは…

国家と国家、国家と国民との関係などを定める法

憲法	国家と国民との関係の理想像を規定
行政法	行政（国家や自治体）の活動の現実的なルールを規定

● 私法とは…

個人相互の関係を定める法

民法	個人と個人との社会生活関係を対象とする法律
商法・会社法	商人・会社の活動を対象とする法律

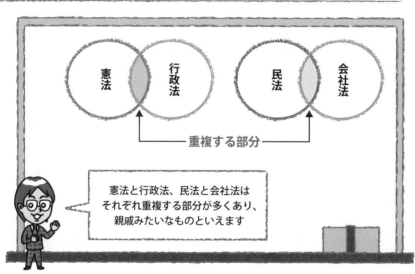

憲法と行政法、民法と会社法は
それぞれ重複する部分が多くあり、
親戚みたいなものといえます

チェックポイント

公法と私法

①国家と国家、国家と国民との関係などを定める法を「公法」という
②個人相互の関係を定める法を「私法」という

れば友人に移転できるのかといったルールは、民法に定められています。

手続法とは、権利や義務等を具体的に実現するための手続きを定めた法です。

たとえば、裁判のルールなど、あるシステムを利用するときには、あらかじめ決められたルールに従わないと、世の中が混乱してしまいます。

また、ルールを知っている人は利用できるけど、知らない人は利用できない、というのでは不公平です。

そこで、権利や義務等を利用するための具体的なルールを定めたのが、手続法というわけです。**民事訴訟法、刑事訴訟法、行政手続法、行政事件訴訟法**などがこれに当たります。

特別法は一般法に優位する

さらに**一般法**と**特別法**という分類もあります。

一般法とは、人、場所、事柄などについて、とくに制限することなく、その法令の効力を及ぼす法を指します。

これに対して、**特別法とは、特定の人、特定の場所、特定の事柄に限って適用される法**のことをいいます。

たとえば、**民法**には、私たちの間で起きる法律上の問題を解決するためのルールがいろいろと置かれています。そのため、誰との間の争いであっても、まずは民法を適用することができます。つまり、民法は一般法です。

一方、会社間の取引などは、会社に関する特別なルールを定めている**商法**や**会社法**などに従います。こうした特別な場面で使うことを予定している法律が特別法です。

たとえば、あなたがある人から時計を買ったとして、その時計にトラブルがあった場合、売ってくれた相手に何を主張できるのかは、まず一般法である民法で定められたルールに従うことになります。

一方、同じ「時計を買う」という行為でも、あなたが会社を経営していて、別の会社から時計を仕入れた場合には、会社に関する特別法である商法や会社法などに従う、となるわけです。

◎ 実体法と手続法

	意義	具体例
実体法	権利・義務の発生、変更、消滅などの内容を定める法	憲法、民法、商法、刑法 …など
手続法	実体法で定められた権利義務を実現する手続きを定める法	民事訴訟法、刑事訴訟法、戸籍法、行政手続法 …など

手続法の中で、行政手続法は
行政書士試験で重要な法律の
ひとつなんですね

◎ 一般法と特別法

● 一般法とは…

人、場所、事柄などについて、とくに制限することなく、その法令の効力を及ぼす法

● 特別法とは…

特定の人、特定の場所、特定の事柄などに
限って適用される法

一般法で定められている
ルールのうち
特定の場合について
適用されるのが
特別法です

	一般法	特別法
人について	民法	皇室典範（皇族）
場所について	借地借家法	大規模な災害の被災地における借地借家に関する特別措置法（被災地）
事柄について	民法	商法（商行為）

チェックポイント

一般法と特別法

①人、場所、事柄などについて、とくに制限することなく、その法令の効力を及ぼす法を「一般法」、特定の人、特定の場所、特定の事柄に限って適用される法を「特別法」という
②特別法は、一般法に優先する

1 合格をかなえる勉強法
2 憲法
3 行政法
4 民法
5 基礎法学
6 一般知識・商法・会社法

法律って、誰がどこで つくっているの？

国会議員や内閣が提出した法案を
国会での審議を経て、議決します

法律ができるまで

あなたが家族と一緒にテレビを見ていたら、「空き家対策の法律ができました」というニュースが報道されていました。

「そうそう、空き家が増えてるって話、聞いたことある。うちの近所もよく見ると、結構、空き家があるよね〜」

そう言うあなたに、小学生のわが子が、こんな質問をしてきました。

「ねえねえ、法律ってどこがつくるの？」

ここで、「えっ？」なんて言葉に詰まってしまってはいけませんよ。

こんなときに、わが子の質問にわかりやすく答えてあげられると、「パパすごい」「ママすごい」と株が上がります。

これを機会に、法律ができるまでを復習しておきましょう。

法律の案って、「誰」が出しているの？

では、もう一度、質問です。法律はどこでつくられるのでしょうか？

「……うーん。あっ、法律だから国会じゃないの？」

正解です。第2章で「法律は国会で制定される」と述べましたね（82ページ参照）。

では、その法律の「案」を誰がつくっているかを知っていますか？

答えは、国会議員と内閣です。

国会議員と内閣が法律の案（法案）をつくり、国会に提出するのです。

国会議員がつくって提出した場合、**議員提出法案**と呼ばれます。

内閣がつくって提出した場合、**内閣提出法案**と呼ばれます。

ちなみに、現在、法律として成立しているものは、内閣提出法案のほうが圧倒的に多くなっています。

◎ 内閣提出法案のほうが成立しやすいワケ

法案を国会議員が提出した場合 ……………… 議員提出法案

法案を内閣が提出した場合 ………………… 内閣提出法案

先生！
なぜ内閣提出法案のほうが
成立しやすいんですか？

内閣提出法案が
成立しやすい理由は
いろいろあります

内閣提出法案が成立しやすい理由

- その道のプロである官僚がつくっているから

- 内閣法制局という法律をつくるプロがチェックしているから

- 内閣を支える与党が国会で多数派を形成しているから

…etc.

なるほど〜。
それで内閣提出法案は
成立しやすいんですね

チェックポイント

法律は、こうしてつくられる①

①法律案は、内閣からも国会議員からも提出できる
②内閣提出法案の成立率は、議員提出法案のそれよりも圧倒的に高くなっている

1 合格をかなえる勉強法
2 憲法
3 行政法
4 民法
5 基礎法学
6 一般知識・商法・会社法

国会議員のみなさんにも、もう少し頑張ってもらわないといけませんね。

法案が法律になるには、国会での可決が必要である

国会に提出された法案は、**原則として、国会で可決されれば法律**になります。もう少し具体的に見ていきましょう。

国会は**衆議院**と**参議院**という2つの院から構成されています（78ページ参照）。

法案は、衆議院、参議院どちらから**審議**してもかまいません。内閣提出法案は、通常、衆議院から審議がスタートすることが多いようです。

国会で議決されるまでの流れを知ろう

では、衆議院から審議が始まった場合を考えてみましょう。

その流れは、すでに82ページで見たように、その法律に関する専門の**委員会**で審査され、そこで可決されたら、衆議院議員が出席する**本会議**に提出され、審議されます。

本会議での審議の様子は、テレビでもよく放送されますので、見たことがある人も多いかもしれませんね。

審議された後は、出席した議員たちによる賛成・反対の投票が行われ、そこで**賛成票が出席議員の過半数**に達したら、衆議院で可決されたことになります。

そして、その法案は、続いて参議院に送られます。そこでも衆議院と同じ流れで、委員会での審査を経て、本会議に提出され、最終的に議員による投票で採決されます。

この場合も、本会議において賛成票が出席議員の過半数に達したら、可決となります。

このように、**衆議院と参議院で法案を可決した場合に、法律として成立**するのです。

1 合格をかなえる勉強法

2 憲法

3 行政法

4 民法

5 基礎法学

6 一般知識・商法・会社法

◎ 法律が成立した後の流れもチェック

国会で法律が成立した後、
その効力が生じるまでの流れも
見ておきましょう！

【法律が成立して効力が生じるまで】

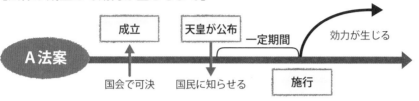

法律の施行に関する規定を置いている場合でも、通常、公布の日と施行の日との間には一定の期間が設けられる。

これは、新しい法律の内容を国民にお披露目した後に、国民やその法律に関係する行政機関などに対応する時間を与えるためである。

もちろん、公布日から直ちに施行することもできる

法律ができあがるまで
非常に慎重に進められている感じですが、
その効力が生じるまでにも
配慮があるんですね

ちなみに、行政書士試験の法令科目は、
例年、実施年の4月1日現在に
施行されている内容で出題されます

チェックポイント

法律は、こうしてつくられる②

①法案は、衆議院、参議院どちらから審議をしてもかまわない
②衆議院と参議院で、それぞれ賛成多数で可決すると、法律は成立する

成立した法律を
国民へ知らせる方法は？

法律のお披露目を公布といいます。
具体的には「官報」に掲載し、国民に知らせます

「国民に内緒で法律をつくっちゃえ」は許されない

国会での審議を経て採決され、そこで可決されることで法律が成立することはわかりましたね。

ただ、私たちは日々いろいろ忙しいですから、国会議員でもないのに、国会での審議に逐一注目するわけにもいきません。かといって、私たちの知らないうちに法律がどんどんつくられて、「この法律ができたんだから、守りなさい！」と言われても、納得できるものではありませんよね。

法律は、**国民の代表者（国会議員）が、国民のため（国民の生活や安全のため）につくった**ものです。

だからこそ、法律が成立したら、国はいち早く国民に知らせて、その内容をきちんと理解してもらうことに努める必要があります。

「新法は官報で知らせる」は明治から続く

そこで、国会で成立した法律をお披露目して、私たちがその内容を知ることができるようにするためのシステムが用意されています。

国会で成立した法律をお披露目することを、公布といいます。**法律の公布は、天皇が内閣の助言と承認に基づいて行います。**

それを実際に私たち国民に知らせるシステムが、**「官報に掲載する」という方法**です。

じつは、現在このシステムを定めた法律はありません。ただ、明治時代以降、「公式令」という天皇の命令（勅令）により、新しくできた法律は「官報」で公表してきたという経緯があり、公式令が廃止された現在もそうしているのです。

◎ 官報ってどこでチェックできる？

新しく成立し
公布された法律は、
官報に掲載されます

なるほど。
じゃあ、官報って
どこで見られるんですか？

今は、インターネットで
無料公開されています。
なので、ネット環境があれば、
誰でも簡単にチェックできます

◆インターネット版「官報」◆
URL ➡ https://kanpou.npb.go.jp/

「官報」サンプル

国会で何が行われているか
といった情報は、公表されています。
結局、そうした情報を私たちが
積極的に知ろうとすることが
大切なのです

📖 チェックポイント

「公布」について
....
①国会で成立した法律は、天皇によって公布される
②具体的には、公布は「官報」に掲載して行われる

1 合格をかなえる勉強法
2 憲法
3 行政法
4 民法
5 基礎法学
6 一般知識・商法・会社法

06 法律の読み方❶

法律の読み方を知っておこう

法律の書き方のルールがわかると、
ややこしい法律もぐっと読みやすくなります

法律のタイトルのつけ方

　法律を見てもその読み方がよくわからないと、「なんだか難しそうな文章が並んでいるな……」で終わってしまいかねませんよね。

　そこでここでは、法律の読み方を簡単に説明していきます。

　日本の法律は、日本語で書かれています。

　法律には必ず**タイトル**がつけられています。

「行政不服審査法」というように、「〇〇法」とシンプルにタイトルがつけられていることも多いですが、「個人情報の保護に関する法律」のように、「〇〇に関する法律」というタイトルになっているものもあります。

法律の内容は「章」で分ける

　書籍には、「章立て」で内容を分けているものが多いですよね。

　同じように、法律もその多くが、**章**で内容を分けています。中には、章の上の区分けとして編を設けている法律もあります。

　章の中をさらに分類したい場合は、**節、款、目**という見出しで分けていきます。

　たとえば、民法の場合、大きくまず「編」で分け、それぞれの編は「章」立てで分けられ、各章はさらに「節」や「款」や「目」に分けられています（右ページ参照）。

　もちろん、こうした細かい分け方になるのは、民法が1,000以上もの膨大な条文のある法律だからです。

　一方、条文の少ない法律には、こういった分類が採用されていないものもあります。たとえば、行政法に属する「国家賠償法」（全6条）などがそれで、条だけで構成されています。

1 合格をかなえる勉強法

2 憲法

3 行政法

4 民法

5 基礎法学

6 一般知識・商法・会社法

◎法律の「章立て」を理解しよう

法律って、
文字がごちゃごちゃたくさん
あって、見ているだけで
眠たくなってしまうんです

いえいえ
法律って、「章立て」の構成に
なっているので、意外と
わかりやすいんですよ

へぇ～
「章立て」の構成に
なっているんですね

では、実際の「章立て」を
民法を例に見てみましょう！

民法の「章立て」

第3編　債権
　第1章　総則
　　第1節　債権の目的
　　　　　（略）
　　第5節　債権の消滅
　　　第1款　弁済
　　　　第1目　総則
　　　　　　　（略）
　第2章　契約

たしかに！
章立てで理解すると
わかりやすいですね！

チェックポイント

法律の書き方のルール①

①法律には、必ずタイトルがつけられる
②内容に応じて、「編」「章」「節」「款」「目」の順で分類される

なぜ「条文」というのか？

ここで「条」という言葉が出てきたので、これについても解説しましょう。法律の中の文章は、**条文**と呼ばれます。

その中の**条**というのは、法律の中の文章の一番大きな単位のことです。

そして、この本でも、「憲法○条」とか「民法○条」といった言葉を何度も使っていますが、この「○」のところには**番号**が入ります。

さらにその上には**見出し**がつけられます（右ページ参照）。

「条」の中は「項」と「号」で分けていく

条文によっては、条の中の文章に段落を設けることもあります。その場合、新しい段落のことを**項**といいます。「民法○条1項」という具合です。

また条の中に書かれていることに当てはまる事項を列挙したい場合は、**号**を使って箇条書きにしていきます。

このように、一定のルールに従って文章をつくっていくことで、法律の内容をなるべく読みやすいものにしようという工夫がなされているのです。

「本文」と「ただし書」って何？

この本でもときどき、「民法○条本文＆ただし書」といった言葉を用いて条文を紹介するところがあったかと思います。

この**本文**とただし書って、いったい何でしょう。

これは、「条」の文章において、**原則と例外を分けて書きたいときに、「ただし書」という表記**の仕方をするのです（右ページ参照）。

そしてこの場合、「ただし書」の手前までを「本文」と呼び、「ただし書」の内容と区別しているのです。

前段と後段とは？

条や項の中の文章を段落に分けずに2つに区切る場合、前の文章を**前段**といい、後の文章を**後段**といいます（右ページ参照）。

1 合格をかなえる勉強法

2 憲法

3 行政法

4 民法

5 基礎法学

6 一般知識・商法・会社法

◎ 見出し・条・項について

号 …… 漢数字で、「一、二…」というように表記される

見出し …… 条文の内容を簡単に要約するもの

（代理権の消滅事由） 　　　　　　　　　　　　　　　　　　　　【民法】

第 111 条　代理権は、次に掲げる事由によって消滅する。

一　本人の死亡

二　代理人の死亡又は代理人が破産手続開始の決定若しくは後見開始の審判を受けたこと。

2　委任による代理権は、前項各号に掲げる事由のほか、委任の終了によって消滅する。

項 …… ひとつの「条」を「項」に分ける場合、2項以下には、算用数字で、「2、3…」というように番号がつけられる

◎ 本文とただし書

黒文字部分は「本文」

（心裡留保） 　　　　　　　　　　　　　　　　　　　　　　　【民法】

第 93 条　意思表示は、表意者がその真意ではないことを知ってしたときであっても、そのためにその効力を妨げられない。ただし、相手方が表意者の真意を知り、又は知ることができたときは、その意思表示は、無効とする。

赤文字部分は「ただし書」

◎ 前段・後段について

前段　　　　　　　　**後段**

第 21 条 　　　　　　　　　　　　　　　　　　　　　　　　　【憲法】

（略）

2　検閲は、これをしてはならない。通信の秘密は、これを侵してはならない。

📖✍ チェックポイント

法律の書き方のルール②

①「条」「項」「号」で条文は整理されている

②「本文とただし書」「前段・後段」といった分類も存在する

法律独特の言い回しを知っておこう

接続詞も含め
法律独特の言い回しに慣れておきましょう

「又は」と「若しくは」

ここでは、条文でよく使われる**接続詞**の読み方を見ていきましょう。

まず、又はと若しくはです。どちらも、英語の「or」の意味です。ただし、法令上で用いられる場合には、次のようなルールがあります。

① **同じレベルで複数の語句を選択的に並べる場合は、「又は」を用いる**

【例】「公の秩序又は善良の風俗〜」（民法 90 条）

② **複数のレベルで複数の語句を選択的に並べる場合は、一番大きなレベルに一度だけ「又は」を用い、それより小さいレベルには、すべて「若しくは」を用いる**

【例】「人を殺した者は、死刑又は無期若しくは 5 年以上の懲役に処する」（刑法 199 条）

「及び」と「並びに」

次に、及びと並びにです。いずれも英語の「and」の意味です。法令上で用いられる場合には、次のようなルールがあります。

① **同じレベルで並列させる場合は、「及び」を用いる。**

【例】「公務員を選定し、及びこれを罷免することは〜」

（憲法 15 条 1 項）

② **3つ以上の「and」がある場合で、段階があるときには、接続の小さいほうに「及び」を用い、接続の大きいほうに、「並びに」を用いる**

【例】「取締役は、法令及び定款並びに株主総会の決議を遵守し〜」

（会社法 355 条）

右ページに、接続詞以外の、法律独特の言い回しについて解説しますので、そちらも参考にしてください。

◎ 接続詞以外の法律独特の言い回し

| 準用する | …… | ある事項に関する法令の規定を、それと本質の異なる事項に対して、当然必要な若干の変更を加えつつ、当てはめることをいう |

| 推定する | …… | ある事物について、当事者間の意思や事実の存在等が不明確である場合に、ある事物を「一応こうであろう」として法律効果を生じさせること。この場合、「こうではない」という反証が認められる |

| みなす | …… | ある事物（A）と性質を異にするほかの事物（B）を、一定の法律関係につきその事物と同一視し、Aについて生ずる法律効果をBに生じさせること。この場合、「AとBが同一の事物でない」ということの反証は許されない |

| 以上 | …… | その基準となっている数量を含み、それより多いことをいう |

| 超える | …… | その基準となっている数量を含まずに、それより多いことをいう |

| 以下 | …… | その基準となっている数量を含み、それより少ないことをいう |

| 未満 | …… | その基準となっている数量を含まずに、それより少ないことをいう |

| 直ちに | …… | 時間的な緊急度がもっとも高く、一切の遅延が許されないことをいう |

| 速やかに | …… | 「直ちに」よりは時間的な緊急度が低く、「遅滞なく」よりは時間的な緊急度が高いことをいう |

| 遅滞なく | …… | 時間的な緊急度がもっとも低く、正当な、または合理的な理由による遅延は許されることをいう |

📖✎ チェックポイント

法律用語に慣れるには……

①通常の文章での使い方と同じものもあれば、異なるものもある
②学習の進行に合わせて、実際の条文での使用例を確認すると理解が早い

1 合格をかなえる勉強法
2 憲法
3 行政法
4 民法
5 基礎法学
6 一般知識・商法・会社法

模試や答練は
最優先で受けよう

　さまざまなスクールが実施している模試（模擬試験）や答練（答案練習会）を、受験・受講しない人が少なくありません。

　その人たちの言い分は、「まだ、全範囲の学習が終わっていないから」であったり、「まだ実力が模試を受けるレベルまでいっていない」であったり、「時間がなくて受けられない」であったりします。

　はっきり言います。「模試・答練を受けないということは、合格する気がないということ」と同じです。

「全範囲の学習が終わっていない」と言いますが、では、全範囲の学習が終わるのはいつでしょうか？　のんびりしていると本試験の日を迎えてしまいます。

「まだ実力が模試・答練を受けるレベルまでいっていない」と言いますが、問題を解いてないのに、なぜそれがわかるのですか？　厳しい言い方になりますが、言っていることが矛盾しています。

「時間がなくて受けられない」と言いますが、会場受験をする時間がないのであれば、通信受験も可能です。

　勉強が終わっていないのであれば、終わっているところまでの確認をするという感覚で受ければよいのです。

　実力がまだないなと感じるのであれば、それを客観的に示すデータを手に入れるという目的で受ければよいのです。

　仕事や育児に忙しいとしても、本気で合格を考えるのであれば、模試や答練を受ける時間は、最優先でつくりたいところです。

　実際に受けなければわからないことは、たくさんあります。

　だからこそ、短期集中での合格を真剣に目指すのであれば、模試や答練は積極的に受けてほしいのです。

第 6 章

一般知識・商法・会社法

最後に、一般知識や
商法・会社法の勉強法について
紹介していきましょう！

一般知識等の対策で
手抜きができないワケ

基準点制度があるため、
6問以上を取れないと、不合格になります！

範囲はかなり広い

　一般知識等は、2006（平成18）年以来、択一式のみ14問出題されています。

　科目は、政治・経済・社会、情報通信・個人情報保護、文章理解です。

　出題数や配点については、右ページの通りです。

　科目名だけ見てもわかる通り、かなり広範囲にわたり問題が出されるのが一般知識等の特徴です。

「基準点制度」に気をつけろ！

　そして、一般知識等については、受験生が気をつけなければならないのが、基準点制度です。

　これは、**14問中6問以上を正解していないと、その時点で、法令等科目がどんなにできていても不合格となる**、というものです。

　受験生にとっては、なかなか恐ろしいシステムです。でも、そういう試験制度だと割り切り、対応していくしかありません。

「目標正解数8問」を目指して戦略を練るべし

　この基準点制度がある以上、一般知識等の学習は「適当でいい」というわけにはいきません。

　基準点制度は6問以上の正解でクリアーできますが、合格者は平均して8問くらいは正解しています。

　なので、あなたの**目標正解数は「6問」ではなく、「8問」**だと考えてください。そして、その8問を確実に得点すべく、各科目についての戦略を練っていきましょう（それぞれ戦略の内容については、この章で述べていきます）。

◎ 一般知識等の出題範囲

科目	問題数	配点
政治・経済・社会	7問	28点
情報通信・個人情報保護	4問	16点
文章理解	3問	12点
合計	14問	56点

一般知識等の3科目は、
かなり広範囲から
出題されるのが特徴です

◎「基準点制度」とは

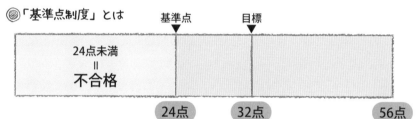

	基準点 ▼	目標 ▼	
24点未満 ＝ **不合格**			

24点 **32点** **56点**
（6問／14問）（8問／14問）（14問／14問）

- - - - - - - - - - - -
基準点制度

14問中6問以上正解しないと、法令等科
目でどれほど得点できても不合格となる
- - - - - - - - - - - -

基準点は6問以上ですが、
8問正解を目指しましょう

 チェックポイント

一般知識等の対策

①まずは6問以上正解することを目指そう
②合格している人は、平均8問正解していることも知っておこう

1 合格をかなえる勉強法
2 憲法
3 行政法
4 民法
5 基礎法学
6 一般知識・商法・会社法

02 政治・経済・社会を どう攻略する？

高校の「現代社会」や、
日ごろのニュース等を教材にしましょう

政治・経済・社会は「不可思議問題」の宝庫？

「『政治・経済・社会』をどう勉強したらいいかわからない」

これは、多くの受験生が持つ悩みのひとつです。

なにしろ、出題の範囲が幅広く、中には「こんなこと知っていないといけないの？」と思ってしまう内容の問題も出されるからです。

右ページに掲載しているのは、2022年度の試験問題です。郵便局に関するものですね。

アは感覚的におかしいなとわかる人もいるかもしれません。ウは郵便局に行ったことがあればわかるかもしれません。

いずれにしても、このような内容はどのテキストにも出てきません。

こういう**「不可思議問題」**が出てくるのが、政治・経済・社会なのです。

不可思議問題に惑わされてはいけない

ただ、こういった不可思議問題ばかりが出されているわけではありません。

不可思議問題は目立ちますし、記憶にも残りやすいですよね。その結果、こういった問題が政治・経済・社会の問題なんだと勘違いしてしまう人が出てきてしまう、というわけです。

でも、それに惑わされてはいけません！

出題分野が重複するのはこれだ！

じつは、政治・経済・社会は、**高校生が学ぶ「現代社会」という科目と出題内容がかなり重複**しています。

政治・経済・社会の目標正解数は7問中3～4問ですが、現代社会の内容をきちんと学習しておくことで、そこに到達することは可能なのです。

◎ 不可思議問題も出される政治・経済・社会

【問題】   **解いてみよう!**

郵便局に関する次のア～オの記述のうち、妥当でないものの組合せはどれか。

(2022年　問50)

ア．郵便局は全国で2万か所以上あり、その数は全国のコンビニエンスストアの店舗数より多い。

イ．郵便局は郵便葉書などの信書の送達を全国一般で行っているが、一般信書便事業について許可を受けた民間事業者はいない。

ウ．郵便局では、農産物や地元特産品などの販売を行うことは、認められていない。

エ．郵便局では、簡易保険のほか、民間他社の保険も取り扱っている。

オ．郵便局内にあるゆうちょ銀行の現金自動預払機（ATM）では、硬貨による預金の預入れ・引出しの際に手数料を徴収している。

1. ア・ウ　　2. ア・オ　　3. イ・エ　　4. イ・オ　　5. ウ・エ

答え：1

◎ 押さえておきたいテーマはこれだ!

こんな問題、できなきゃいけないんですか⁉

その必要はありません。下のような典型テーマをしっかり学ぶことで「政治・経済・社会」はしっかり対応できます!

政治・経済・社会の主な典型テーマ

- 選挙制度
- 各国の政治制度
- 戦後の政治史
- 行政改革

- 国際連合
- 戦後の経済史
- 日本銀行
- 地域的経済統合

- 労働問題
- 環境問題
- 少子高齢化

📖 **チェックポイント**

政治・経済・社会の対策①

①「不可思議問題」に惑わされないこと
②まずは、典型テーマをしっかり学習することを心がけよう

時事問題も出されます

政治・経済・社会では、いわゆる**時事問題**が出されることもあります。

今の社会で問題になっているテーマを問うものが中心です。

過去に出題された時事問題を見ると、「ヘイトスピーチ」や「貧困問題」、「空き家対策」に「LGBT」など、これまた多岐にわたります（右ページ参照）。

日ごろから「ニュース」に対してアンテナを張っておく

こうした過去の出題からもわかるように、時事問題は普段ニュースを見ていればわかるようなものが出される、といえます。

それにプラスして、より効率よく学習したい場合は、『ニュース検定公式問題集1・2・準2級』（毎日新聞出版）を使うとよいでしょう。本試験で出されるような内容がわかりやすくまとめてあり、おすすめです。

また、ジャーナリストの池上彰さんが出ているテレビ番組を見るのも、試験対策としてかなり有効です。

そこで取り上げられているテーマによっては、行政書士試験とは直接関係ないものも、もちろんあります。ただ、一見関係ないと思われる豆知識が、意外と試験で役に立つこともあります。

「政治・経済・社会に関心がない」というあなたへ

「政治・経済・社会が苦手です」という人は、内容が理解できないというよりも、「興味がない」「関心が低い」といったことが、苦手意識の原因になっているように思います。

でも、よく考えてください。

行政書士は、今の社会で問題になっていることで、実際に困っている人を、専門知識を使って助けてあげるのが仕事です。

そのためにも、**まずは「社会で何が起きているのか」ということに興味を持ち、関心を寄せていくことが大切**なのではないでしょうか。

本試験で政治・経済・社会が大きな出題項目となっているのは、そういった趣旨であると私は考えています。

1 合格をかなえる勉強法

2 憲法

3 行政法

4 民法

5 基礎法学

6 一般知識・商法・会社法

◎ こんな時事問題が出題される！

解いてみよう！

【問題】
ジェンダーやセクシュアリティに関する次の記述のうち、妥当でないものはどれか。 （2021年 問54）

1．「LGBT」は、レズビアン、ゲイ、バイセクシュアル、トランスジェンダーを英語で表記したときの頭文字による語で、性的少数者を意味する。
2．日本の女子大学の中には、出生時の性別が男性で自身を女性と認識する学生の入学を認める大学もある。
3．米国では、連邦最高裁判所が「同性婚は合衆国憲法の下の権利であり、州は同性婚を認めなければならない」との判断を下した。
4．日本では、同性婚の制度が立法化されておらず、同性カップルの関係を条例に基づいて証明する「パートナーシップ制度」を導入している自治体もない。
5．台湾では、アジアで初めて同性婚の制度が立法化された。

答え：4

解いてみよう！

【問題】
日本における新型コロナウイルス感染症対策と政治に関する次の記述のうち、妥当なものはどれか。
（2021年 問48）

1．2020年3月には、緊急に対処する必要があるとして、新型コロナウイルス感染症対策に特化した新規の法律が制定された。
2．2020年4月には、雇用の維持と事業の継続、生活に困っている世帯や個人への支援などを盛り込んだ、緊急経済対策が決定された。
3．2020年4月には、法令に基づき、緊急事態宣言が発出され、自宅から外出するためには、都道府県知事による外出許可が必要とされた。
4．2020年12月末には、首相・大臣・首長およびその同居親族へのワクチンの優先接種が終了し、翌年1月末には医療従事者・高齢者に対するワクチン接種が完了した。
5．2021年2月には、新型インフルエンザ等対策特別措置法が改正され、まん延防止等重点措置が導入されたが、同措置に関する命令や過料の制度化は見送られた。

答え：2

おすすめの対策本

●『改訂版 大学入学共通テスト
現代社会の点数が面白いほどとれる本』
（村中和之 著／ KADOKAWA）

●『ニュース検定公式問題集 1・2・準2級』
（日本ニュース時事能力検定協会 監修／毎日新聞出版）

社会で起きている問題に
関心を持っておくことが
大切です

📖✏ チェックポイント

政治・経済・社会の対策②

①時事問題対策は、日ごろからニュースに対して、アンテナを張っておくことが必要
②社会で何が起きているのかに、関心を持つことも重要

03 勉強法③
情報通信・個人情報保護の勉強法とは？

問われやすい「専門用語」の定義を
押さえておきましょう

情報通信・個人情報保護を得点源にしよう

　情報通信・個人情報保護は４問出されます。

　そして、政治・経済・社会よりも対策が取りやすい分野です。とくに個人情報保護は、法律の内容を問う問題が出されますので、**行政法と同じような勉強法で得点源にすることができます**。つまり、過去問を読み込んで、出題パターンを把握するやり方です（98 ～ 101 ページ参照）。

　この分野で２～３問を正解できるかどうかは、基準点に届くかどうかの分かれ目になると考えてください。

情報通信は、こう対策する

　情報通信は、最新用語の意味を問う問題が多く出題されています。

　そうした用語については、『ニュース検定公式テキスト「時事力」発展編（２・準２級対応)』（毎日新聞出版）にも多く掲載されています。また、「国民のための情報セキュリティサイト」という総務省のホームページでも、情報通信関連の用語の解説をしていますので、活用してください。

個人情報保護は、こう対策する

　個人情報保護は、個人情報保護法の内容が問われます。また近年では、公文書管理法や情報公開法も出題されています。

　まずは、**本試験でこれまで出されてきた内容をしっかり確認し、それぞれの法律の中の、どこを重点的に学習したらいいのかを把握**してください。

　たとえば、個人情報保護法の場合、本試験で頻繁に出題されるのが、**用語の定義を問う問題**です。なので、そこに規定されている用語の定義を把握することから学習をスタートするとよいでしょう。

1 合格をかなえる勉強法

2 憲法

3 行政法

4 民法

5 基礎法学

6 一般知識・商法・会社法

◎「情報通信」では何が問われる？

解いてみよう！

【問題】

情報通信に関する用語を説明した次のア～オの記述のうち、妥当なものの組合せはどれか。　　　　　　　　　　　　　　　　　　　（2022年　問56）

ア．自らに関する情報が利用される際に、ユーザ本人の許可を事前に得ておくシステム上の手続を「オプトイン」という。

イ．インターネット上で情報発信したりサービスを提供したりするための基盤を提供する事業者を「プラットフォーム事業者」という。

ウ．情報技術を用いて業務の電子化を進めるために政治体制を専制主義化することを「デジタルトランスフォーメーション」という。

エ．テレビ電話を使って離れた話者を繋ぐ情報システムのことを「テレワーク」という。

オ．ユーザが自身の好みのウェブページをブラウザに登録することを「ベース・レジストリ」という。

1．ア・イ
2．ア・ウ
3．イ・エ
4．ウ・オ
5．エ・オ

答え：1

情報通信は
それに関する
用語の意味を
しっかり押さえて
おきましょう！

◎「個人情報保護」で問われる法律とは？

個人情報に関する法律

・個人情報保護法

・行政機関情報公開法

・情報公開・個人情報保護審査会設置法

・公文書管理法

勉強法は、行政法と共通で
過去問を選択肢ごとに読み込み、
それぞれの法律の中の
どこを重点的に学習すればよいのか
を把握します

📖✒️ チェックポイント

情報通信・個人情報保護の対策

①情報通信分野は、最新の情報用語に触れておくことが重要

②個人情報保護分野は、法律の学習なので、対策が立てやすい

04 個人情報保護法の近年の改正について

2023年4月に全面施行された
"シン・個人情報保護法"のポイントを知っておきましょう

いろいろ問題があった日本の個人情報保護のルール

　従来日本の個人情報保護ルールは、民間部門に対するもの、国の行政機関に対するもの、独立行政法人に対するもの、地方公共団体に対するものがバラバラに存在していました。しかも、それぞれのルールが微妙に違っていたために、たとえば国と民間でのデータの利活用の障害になっていたのです。

　これは新型コロナウイルス対策において、民間の病院と国立病院や公立病院で情報の共有がうまくいかないという深刻な問題にもつながっていました。

ついに一体化が実現

　こういった問題を解消するために、2021年の改正により、民間部門に対するルールを定める「個人情報保護法」と、国の行政機関に対するルールを定める「行政機関個人情報保護法」、さらに独立行政法人等に対するルールを定める「独立行政法人等個人情報保護法」の合体が実現しました。

　さらに、地方公共団体に対しても、合体後の"シン・個人情報保護法"の中に、全国の共通ルールを設定しました。

　そして、**個人情報保護委員会**が個人情報の取り扱いについて一元的に監視監督する役割を担っています。

そんな "シン・個人情報保護法" の目的は？

　一言でいうと「**個人情報の有用性に配慮しつつ、個人の権利利益を保護すること**」です。つまり、「個人情報＝すべて秘密にする」ではありません。過剰反応が出やすいものなので、個人の権利利益をしっかりと保護しつつ、活用できる場面では活用していく。そんな考え方がベースにあるのです。

◎個人情報保護法とは?

この法律は、**デジタル社会の進展**に伴い個人情報の利用が著しく拡大していることに鑑み、個人情報の適正な取扱いに関し、基本理念及び政府による基本方針の作成その他の個人情報の保護に関する施策の基本となる事項を定め、国及び地方公共団体の責務等を明らかにし、**個人情報を取り扱う事業者及び行政機関等**についてこれらの特性に応じて遵守すべき義務等を定めるとともに、**個人情報保護委員会を設置**することにより、行政機関等の事務及び事業の適正かつ円滑な運営を図り、並びに個人情報の適正かつ効果的な活用が新たな産業の創出並びに活力ある経済社会及び豊かな国民生活の実現に資するものであることその他の個人情報の有用性に配慮しつつ、**個人の権利利益を保護**することを目的とする

◎学術研究機関等に対する適用除外

●学術研究機関等とは…
大学その他の学術研究を目的とする機関もしくは団体またはそれらに属する者のことを指す言葉
（個人情報保護法16条8項）

> 従来は、民間の学術研究機関等には一律個人情報保護のルールが適用されませんでした

改正

原則適用しつつ、必要な場面だけ適用を除外する扱いに変更

◎個人情報保護委員会とは?

構成	委員長 ……	
	委員（8人）…	

> 両議院の同意を得て、内閣総理大臣が任命。強い身分保障が与えられている

📖✍️ **チェックポイント**

個人情報保護法の学習ポイント

・目的条文におけるキーワードを押さえておく
・用語の定義は超重要である
・民間に対する規制と国の行政機関に対する規制を対比しておく

1 合格をかなえる勉強法
2 憲法
3 行政法
4 民法
5 基礎法学
6 一般知識・商法・会社法

文章理解は、どう対策する？

出題形式に合わせて
解答テクニックを身につけましょう

文章理解の出題内容は？

文章理解は3問出されます。

文章理解というと、「何を問われるんだ？」と思う人もいるかと思いますが、要は国語の問題です。

ただし、高校までの国語の問題のように、1つの文章に対して複数の問題が与えられるわけではありません。1つの文章に対して、1つの問題が設定されるスタイルです。

似たような出題形式は、公務員試験でも見られます。

出題形式と最近の傾向

主な出題形式は、①要旨把握問題、②下線部説明問題、③並べ替え問題、④空欄補充問題の4パターンです（右ページ参照）。

ただし、2012年度試験以降、③④の2パターンのみの出題となっています。それまで出ていた①②は姿を消しました。

テクニック重視で解くべし

この傾向は、受験生にとってはうれしいものです。

というのは、②はともかく①はどうしても「国語のセンスの有無」が影響してしまうのに対し、③④はそういったセンスが一切影響しないものだからです。

③④のタイプの問題を解くときに必要なのは、「**国語のセンス**」ではなく、「**解答テクニック**」です。

そして、このテクニックを身につけると、多肢選択式の問題を解くにあたっても役に立ちますよ。

1 合格をかなえる勉強法
2 憲法
3 行政法
4 民法
5 基礎法学
6 一般知識・商法・会社法

◉ 文章理解の出題パターンと解答の手順

① 要旨把握問題	**文章が与えられ、その内容や趣旨と一致する選択肢を選ぶ問題** （内容と一致しないものを選ぶ場合もある） 【解答の手順】 ① 最初に選択肢を読む ② 次に、本文を読みながら、明らかに本文の内容と異なる選択肢を消す ③ 内容と一致するものの、具体例を述べているにすぎない選択肢を消す ④ 残った選択肢と本文の冒頭または文末を見比べて、内容が一致しないものを消す ※この①〜④の作業をする前に、本文に段落番号をつけておき、選択肢を判断する際、どの段落を見たのか書いておく
② 下線部説明問題	**文章中の単語やセンテンスに下線がつけられ、その内容と一致する選択肢や、その内容の説明としてふさわしい選択肢を選ぶ問題** 【解答の手順】 ① 下線部周辺を読んで、下線部を言い換えている箇所がないか、内容を説明している箇所がないかをチェックする ② ①の作業をしてもわからない場合は、下線部が含まれている段落全体を読んでみる
③ 並べ替え問題	**与えられた 5 つの文章を、正しい順序に並べ替える問題** 【解答の手順】 ① 指示語や接続語から小さなグループをつくり、選択肢を活用して絞り込んでいく ② これで解けない場合や、そもそも指示語や接続語がない場合は、「同じ内容を述べている文章」を、順番を気にせず 1 つのグループにしていく
④ 空欄補充問題	**文中に設けられた空欄に入る語句やセンテンスを選ぶ問題** （空欄に入る文章を並べ替える③の「並べ替え問題」と融合したタイプのものが出されることもある） 【解答の手順】 基本的に、空欄の前後の文章だけを見て解答する **(1) センテンス補充型** 空欄の前の文章だけでなく、後の文章にも注目する（入れるセンテンスの文末とのつながりを意識する） **(2) 語句補充型** たとえば、空欄「ア」が複数箇所ある場合、入れようとしている語句が、ほかの箇所でも意味が通るかを必ずチェックする

チェックポイント

文章理解の対策

①出題パターンに合わせた解き方を知っておく
②「並べ替え問題」「空欄補充問題」は、テクニック重視であることを知っておく

06 商法・会社法の対策で 大切なことは？

範囲が広いわりに得点源になりにくいので
時間対効果を徹底的に意識しましょう

商法・会社法の出題状況は？

商法・会社法は択一式５問が出題されています。

内訳は、商法総則・商行為が１問、会社法が４問です。合格ラインは１〜２問の正解です。

範囲が比較的狭い商法総則・商行為はともかく、会社法は学習範囲が膨大です。にもかかわらず、４問のみの出題にとどまっているため、例年、受験生がその対応に苦労する分野だったりします。

受験生が陥りやすいパターンとは？

初めて行政書士試験に挑戦する場合、やはりメイン科目である憲法や民法、行政法に時間をかなり取られてしまいます。

その結果、商法・会社法に充てる時間がほとんど取れないというのは、珍しいことではありません。

そして試験の直前期に慌てて勉強を開始して、中途半端な準備のまま本試験に向かい、そのことが気になって、商法・会社法以外の科目も崩れてしまう……。

こうした状況は、やはり避けたいところです。

２問正解を目指して学習する

このように商法・会社法は守りの科目です。ただ憲法・民法・行政法で取りこぼしが許されない今の試験問題レベルですと、完全に捨てるのも心許ない。５問全問正解ではなく、２問正解を目指した学習が良いでしょう。その意味で、「全体を満遍なく」ではなく、「分野を絞った学習」がおすすめです。

◎ 商法・会社法は、時間対効果を考えて勉強する！

科目	問題数	配点
商法総則・商行為	1問	4点
会社法	4問	16点
合計	5問	20点

出題数が少ないわりに
範囲が広いのが
「商法・会社法」の特徴です

勉強のポイント

商法・会社法では
時間対効果を考えるのが重要！

具体的には、次の**3**択で、勉強の方針を決める！

1 しっかり勉強する

2 分野を絞って勉強する

3 一切勉強しない

たとえば、**2**を選ぶなら、
頻出のテーマに絞って勉強！

「会社法」頻出のテーマ

・設立
・取締役・取締役会・代表取締役

会社法は、
上記2つのテーマに絞って
勉強するのもいいですね

📖✏️ **チェックポイント**

商法・会社法の対策

①時間対効果をつねに考えて、方針を立てることが必要
②方針を立てたら、ある程度割り切って勉強する

1 合格をかなえる勉強法
2 憲法
3 行政法
4 民法
5 基礎法学
6 一般知識・商法・会社法

07 商法・会社法の学び方

インプットとアウトプットは同時並行で！

　商法・会社法の学習はインプットとアウトプットを同時並行で進めていきましょう。テキストを読んだらそこに関連する過去問題を解いてみる。またスクールの科目別講座を受講してみるのもいいですね。私も「商法会社法4点アップ道場」という講義を行っていますが、コンパクトに必要事項を1問1答形式で確認できるようになっており、おすすめです。

商法総則・商行為の学び方

　商法は民法と同じように取引の安全を確保することで資本主義社会の発展に貢献するルールです。民法は「人」が取引の主体になりますが、商法では「商人」が取引の主体となります。

　この「商人」が取引の主体になるときに適用されるのが商法であり、とくにそのような限定をつけずに自然人や法人が取引の主体になるときに適用されるのが民法です。いうなれば、商法は民法の特別ルールです。ですから、**商法総則・商行為を学ぶときには、民法との対比の視点を忘れないことが大切**です。

会社法の学び方

　取引の主体になるのが会社のような法人である場合を想定しているのが、会社法です。試験では「設立」と「機関」が重要です。

　「設立」は会社立ち上げの手続きについての学習が中心です。**「機関」は公開会社と非公開会社での機関の置かれ方の違いを意識する**といいでしょう。

　その上で、株主総会と取締役会についてそれぞれの役割について学習していきましょう。余裕があれば「指名委員会等設置会社」や「監査等委員会設置会社」についても学習しましょう。いずれも、本試験の問題で問われていることに答えられるようになるのが目標です。

1 合格をかなえる勉強法

2 憲法

3 行政法

4 民法

5 基礎法学

6 一般知識・商法・会社法

◎ 設立の流れ

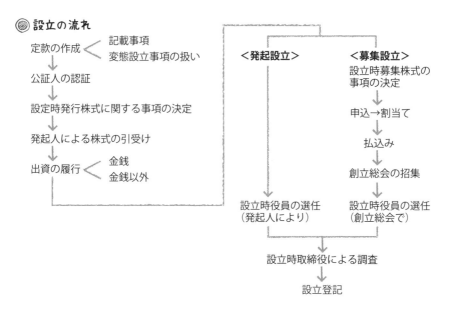

定款の作成 < 記載事項 / 変態設立事項の扱い

公証人の認証

設定時発行株式に関する事項の決定

発起人による株式の引受け

出資の履行 < 金銭 / 金銭以外

＜発起設立＞

設立時役員の選任
（発起人により）

＜募集設立＞
設立時募集株式の
事項の決定

申込→割当て

払込み

創立総会の招集

設立時役員の選任
（創立総会で）

設立時取締役による調査

設立登記

◎ 公開会社と非公開会社

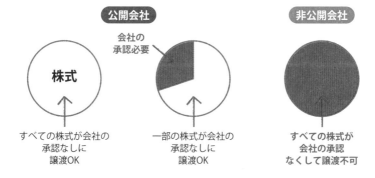

公開会社

株式

すべての株式が会社の
承認なしに
譲渡OK

会社の
承認必要

一部の株式が会社の
承認なしに
譲渡OK

非公開会社

すべての株式が
会社の承認
なくして譲渡不可

チェックポイント

商法・会社法の学習ポイント

・商法総則・商行為は民法との違いを意識する
・会社法は頻出論点を重点的に学習しておく

イージーミスで不合格とならないために

コラム

　模擬試験（模試）などを受けた人の中には、「いや〜、今回はマークミスしちゃったから……。それがなければ180点超えてたんだけど」とか、「いや〜、イージーミスがなかったらなぁ……」などと言う人が少なくありません。

　マークミスや問題文の指示の読み間違えなどのイージーミスは、本来あってはならないものです。

　「それがなければ……」なんてノンキなことを言っている場合ではないのです！

　こうしたミスをしやすい人は、それをなくすためにどうしたらよいかを真剣に考えましょう。

　そのためには、まずあなた自身が、「私はイージーミスをやらかす、うっかりタイプの人間だ」ということを自覚すること。

　そして、模試等でそうしたミスをやらかしときには、具体的にどういったミスをしたのかを書き留める習慣を持ってください。その際、あわせてそれをなくすための改善策も書いておきます。

　模試等のたびにこれを行い、同じミスを繰り返さないようにする。

　本試験当日もこのメモを見て、あらためて肝に銘じたうえで、本番に臨む。そのくらい徹底的にやってください。

　知識不足でミスをするのは、その知識が身につけば自然となくなります。一方で、イージーミスやマークミスは、大げさにいえば「人間性」の問題です。つまり、持って生まれた性格の問題だということです。

　だからこそ、徹底的に意識しておかないと、同じミスを何度も繰り返すことになります。

　その意味ではイージーミスのほうが、原因は根が深いといえるのです。

横溝　慎一郎（よこみぞ　しんいちろう）

「あきれるほどの前向きさ」で全国の受験生から熱い支持を受ける行政書士試験指導のレジェンド。

高校受験、大検（現高認）試験受験、大学受験といった受験指導経験もあり、講師歴は32年。その豊富な講師経験と親切丁寧な受験指導で、担当するLEC東京リーガルマインドの横溝クラスからは毎年多くの合格者を輩出している。

また「横溝慎一郎行政書士合格ブログ」（毎日更新）は行政書士試験受験生のみならず、各種資格試験受験生の間で愛読されて10年以上となる。

座右の銘は「失意悠然　得意冷然」。乃木坂46と猫とファッションをこよなく愛する。

主な著書に『行政書士試験 見るだけ過去問』シリーズ、『行政書士シンプルで最強な合格戦略』、『行政書士試験 記述式・多肢選択式の解き方がわかる本』（中央経済社）、『最短で最高の結果を出す「超効率」勉強法』（フォレスト出版）など多数。

ゼロからスタート！
改訂版　横溝慎一郎の行政書士1冊目の教科書
かいていばん よこみぞしんいちろう ぎょうせいしょし さつめ きょうかしょ

2023年7月14日　初版発行

著者／横溝　慎一郎
よこみぞ しんいちろう
監修／LEC東京リーガルマインド
とうきょう
発行者／山下　直久

発行／株式会社KADOKAWA
〒102-8177　東京都千代田区富士見2-13-3
電話　0570-002-301（ナビダイヤル）

印刷所／株式会社加藤文明社印刷所

製本所／株式会社加藤文明社印刷所

©Shinichiro Yokomizo 2023　Printed in Japan
ISBN 978-4-04-606328-1　C3030